四书五经

卷四

［春秋］孔子 等著
李楠 编译

僖公四年

传　四年春，齐侯以诸侯之师侵蔡①。蔡溃，遂伐楚。楚子使与师言曰：『君处北海②，寡人处南海，唯是风马牛不相及也③。不虞君之涉吾地也④，何故？』管仲对曰：『昔召康公命我先君大公曰⑤：「五侯九伯⑥，女实征之⑦，以夹辅周室⑧。」赐我先君履⑨，东至于海⑩，西至于河⑪，南至于穆陵⑫，北至于无棣⑬。尔贡包茅不入⑭，王祭不共，无以缩酒⑮，寡人是征⑯。昭王南征而不复，寡人是问。』对曰：『贡之不入，寡君之罪也，敢不共给，昭王之不复⑰，君其问诸水滨。』师进，次于陉⑱。

夏，楚子使屈完如师⑲。师退，次于召陵⑳。

齐侯陈诸侯之师㉑，与屈完乘而观之㉒。齐侯曰：『岂不穀是为？㉓先君之好是继。与不穀同好，如何？』对曰：『君惠徼福于敝邑之社稷㉔，辱收寡君㉕，寡君之愿也。』齐侯曰：『以此众战，谁能御之？以此攻城，何城不克？』对曰：『君若以德绥诸侯㉖，谁敢不服？君若以力，楚国方城以为城㉗，汉水以为池㉘，虽众，无所用之。』

屈完及诸侯盟。

陈辕涛涂谓郑申侯曰㉙：『师出于陈、郑之间，国必甚病㉚。若出于东方，观兵于东夷㉛，循海而归，其可也。』申侯曰：『善。』涛涂以告，齐侯许之。申侯见，曰：『师老矣㉜，若出于东方而遇敌，惧不可用也。若出于陈、郑之间，共其资粮屝屦㉝，其可也。』齐侯说，与之虎牢㉞。执辕涛涂。

秋，伐陈，讨不忠也。许穆公卒于师，葬之以侯㉟，礼也。凡诸侯薨于朝会，加一等；死王事㊱，加二等。于是有以衮敛㊲。

冬，叔孙戴伯帅师㊳，会诸侯之师侵陈。陈成。归辕涛涂。

初，晋献公欲以骊姬为夫人，卜之，不吉；筮之，吉。公曰：『从筮。』卜人曰：『筮短龟长㊴，不如从长。且其繇曰：「专之渝㊵，攘公之羭㊶。一薰一莸㊷，十年尚犹有臭。」必不可』。弗听。立之，生奚齐。其娣生卓子。

及将立奚齐，既与中大夫成谋㊸，姬谓大子曰：『君梦齐姜㊹，必速祭之。』大子祭于曲沃，归胙于公㊺。公田㊻，姬置诸宫六日。公至，毒而献之。公祭之地，地坟㊼；与犬，犬毙；与小臣㊽，小臣亦毙。姬泣曰：『贼由大子㊾。』大子奔新城㊿。公杀其傅杜原款。

或谓大子[51]：『子辞[52]，君必辩焉[53]。』大子曰：『君非姬氏，居不安，食不饱。我辞，姬必有罪，君老矣，吾又不乐。』曰：『子其行乎[54]！』大子曰：『君实不察其罪，被此名也以出[55]，人谁纳我？』

十二月戊申[56]，缢于新城。

姬遂谮二公子曰：『皆知之。』重耳奔蒲，夷吾奔屈。

【注释】

①以：率领。②北海：泛指北方。海，即荒远的地方。下文中『南海』亦同此。③风：牛马雄雌相诱逐。④不虞：没想到。虞，料想。⑤召康公：即召公奭，周王室太保。大公：即太公望。⑥五侯九伯：泛指天下诸侯。⑦女：汝。

⑧夹辅：辅助。⑨履：践踏。意为所到之处，此指征伐范围。⑩海：大海，指东海。⑪河：黄河。⑫穆陵：地名，今湖北省麻城市一带有穆陵关即此。⑬无棣：地名，在今河北省卢龙县一带。⑭贡：贡品。包茅：即菁茅，古人用此滤酒。⑮缩酒：以菁茅滤除酒中糟粕。⑯寡人：管仲自称。征：问。⑰昭王：周成王之孙，到南方巡守，渡汉水，船坏溺死。⑱陉：楚地名。⑲屈完：楚臣。⑳召陵：楚地名，在今河南省郾城县南。㉑陈：列陈。㉒乘：共乘一车。㉓不穀：诸侯自谦的称谓。㉔惠：副词，表示谦敬。徼福：求福。徼，求，取。㉕辱：副词，表示恭敬。收：安抚。㉖绥：安抚。㉗方城：方城山，即指桐柏山、大别山等山脉。㉘池：护城河。㉙辕涛涂：陈国大夫。申侯：郑国大夫。㉚病：困乏。㉛观兵：显示兵力。㉜师老：军队长久在外。㉝屝屦：泛指鞋子。屝，草鞋。屦，麻鞋。㉞虎牢：即虎牢关，郑地。㉟葬之以侯：以侯礼殡葬。㊱王事：指征战。㊲衮敛：用衮衣入殓。衮衣，为古代天子、上公所穿的礼服。㊳叔孙戴伯：即公孙兹，鲁国公族。㊴筮短龟长：古人占卜用龟，占筮用蓍草，二者相比较，占卜较灵，且以卜为先，故称为『筮短龟长』。㊵专之渝：意为专心宠幸则生变化。专，即专宠。渝，变化。㊶攘：盗窃。羭：公羊。此暗指太子申生。㊷薰：香草。莸：臭草。㊸中大夫：宫中大臣。成谋：预谋，定计。㊹齐姜：太子申生之母。㊺胙：祭祀的酒肉。㊻田：打猎。㊼地坟：地上突起如坟。㊽小臣：指宦官。㊾贼：毒害。㊿新城：即曲沃。(51)或：有人。(52)辞：申辩。(53)辩：明辨。(54)行：逃跑。(55)被此名：蒙受此恶名。(56)戊申：二十七日。

【译文】

四年春季，齐桓公率领诸侯军队侵入蔡国，蔡军溃败。随后诸侯又攻打楚国。楚成王派使臣到诸侯的军队中说：『国君住在北海，寡人住在南海，相距甚远，即使任凭发情的牛马奔跑，也不会相遇。没有料到国君竟来到我们的土地上，是什么原因呢？』管仲回答说：『从前召康公曾命令我们的先君太公说：「五等诸侯、九州之长，如有罪过，你都可以讨伐，以辅佐周室。」他还赐给我们先君征伐的范围，东到大海，西至黄河，南到穆陵，北至无棣。你们应该进贡的包茅不按时送来，致使周室祭祀的物品供应不上，无法用来滤酒。为此，特来向贵国质问。当年昭王南征楚国没有能够回去，这也要请贵国解释。』楚国使者回答说：『贡品没能及时进献，这是寡君的罪过，怎么敢不供给呢？至于昭王南巡未归的原因，您还是到水边上去问问吧！』诸侯的军队向前开进，驻扎在陉地。

夏季，楚成王派屈完前往诸侯军中。诸侯军队向后撤退，驻扎在召陵。

齐桓公让诸侯的军队摆成战阵，然后和屈完同乘一辆车检阅了一番。桓公说：『起兵难道是为了我个人吗？不过是为了继承我们先君建立的友好关系罢了。贵国也和我们建立友好关系，怎么样？』屈完回答说：『承蒙国君惠临为敝国的社稷求福，使敝国得以保全；您又如此不顾蒙受耻辱收容我们，与敝国建立友好关系，这也是寡君的愿望！』桓公说：『用这么多的军队去作战，有谁能抵挡得住呢？用这么多的军队去攻城，哪个城攻克不了呢？』屈完回答说：『国君如果用恩德来安抚诸侯，谁敢不服从呢？但如果依仗武力，那么楚国将以方城山作为城墙，以汉水作为护城河，您的军队虽然众多，只怕也没有用处。』

于是，屈完和诸侯结盟。

陈国的辕涛涂对郑国的大夫申侯说：『军队在陈国和郑国之间取道行军，两国要供给粮草，必定非常困乏。如果让军队朝东走，向东夷炫耀一下武力，然后沿海边回国，也是可以的。』申侯说：『好。』辕涛涂把这一想法告诉了齐桓公，桓公同意。但申侯进见桓公时却说：『军队在外滞留时间太长了，如果往东走遇到敌人，恐怕难以取胜。如果取道陈国和郑国之间，由两国负责提供所用粮食和军鞋，则比较好。』桓公非常高兴，把虎牢一地赏给了他，然后把辕涛涂抓了起来。

秋季，齐国和江、黄二国攻打陈国，以讨伐陈国辕涛涂对齐国的不忠。许穆公在军中去世，以侯的规格被安葬，这是合于礼的。凡是诸侯在朝会期间去世，葬礼提高一等；为天子征伐而死，提高两等。在这种情况下可以用天子、三公的礼服敛尸入棺。

冬季，叔孙戴伯领兵会同诸侯军队攻打陈国，陈国请求讲和。齐国就把辕涛涂放回了陈国。

当初，晋献公打算立骊姬为夫人，占卜的结果是不吉利，而占筮的结果却是吉利。献公说：『就照占筮的结果办。』卜人说：『一般情况下占筮不如占卜灵验，不如按照灵验的办。而且占卜的爻辞说：「专宠一人会使其产生邪念，将来会偷走您的公羊。香草杂草混放一起，十年之后臭气也难消除。」一定不能这么办。』献公不听，立了骊姬。后来骊姬生了奚齐，她的妹妹生了卓子。

等到准备立奚齐为太子的时候，骊姬已经和中大夫定下了圈套。骊姬对太子申生说：『国君曾梦见你母亲齐姜，你务必尽快去祭祀她。』申生赶到曲沃祭祀，把祭酒祭肉带回献给献公。此时献公正好外出打猎，骊姬就把酒肉放在宫里。六天后，献公回来了，骊姬在酒肉里下了毒药后献上去。献公把酒洒在地上，地上的土立刻鼓起一个小包，把肉给狗吃，狗马上就死掉了，给左右近臣吃，近臣也死掉了。骊姬哭着说：『这是太子要谋害您啊。』于是太子申生逃到了曲沃。献公杀了他的保傅杜原款。

有人对太子说：『如果您为自己辩解，国君一定能搞清楚的。』太子说：『国君如果没有了骊姬，便坐不能安、食不能饱。如果我辩解清楚，骊姬一定会获罪。国君年纪已大，失去了骊姬，必定不高兴；他不高兴，我也不会高兴。』别人又劝他：『那么你逃走不逃走呢？』太子说：『现在国君还没有查清我的罪过，如果背着杀父的恶名出逃，有谁会接纳我呢？』

十二月二十七日，太子在曲沃自缢而死。

骊姬又诬陷另外两个儿子：『这件事他们都知道。』于是重耳逃到了蒲城，夷吾逃到了屈地。

僖公五年

传 五年春，王正月辛亥朔[1]，日南至[2]。公既视朔[3]，遂登观台以望[4]。而书，礼也。凡分[5]、至[6]、启[7]、闭[8]，必书云物[9]，为备故也[10]。

晋侯使以杀太子申生之故来告。

初，晋侯使士蒍为二公子筑蒲与屈[11]，不慎，置薪焉[12]，夷吾诉之。公使让之[13]。士蒍稽首而对曰[14]：『臣闻之，无丧而戚[15]，忧必雠焉[16]。无戎而城[17]，雠必保焉[18]。寇雠之保[19]，又何慎焉！守宫废命，不敬[20]；固雠之保，不忠。失忠与敬，何以事君？《诗》云：「怀德惟宁，宗子惟城[21]。」君其修德而固宗子，何城如之？三年将寻师焉[22]，焉用慎？」

退而赋曰：『狐裘尨茸[23]，一国三公，吾谁适从[24]？』

及难，公使寺人披伐蒲。重耳曰：『君父之命不校[25]』。乃徇曰[26]：『校者，吾雠也。』逾垣而走[27]。披斩其袪[28]。遂出奔翟[29]。

夏，公孙兹如牟[30]，娶焉。

会于首止[31]，会王大子郑，谋宁周也。

陈辕宣仲怨郑申侯之反己于召陵[32]，故劝之城其赐邑，曰：『美城之[33]，大名也[34]，子孙不忘。吾助子请。』乃为之请于诸侯而城之，美。遂谮诸郑伯曰：『美城其赐邑，将以叛也。』申侯由是得罪。

秋，诸侯盟。王使周公召郑伯[35]，曰：『吾抚女以从楚，辅之以晋，可以少安。』郑伯喜于王命而惧其不朝于齐也，故逃归不盟。孔叔止之曰[36]：『国君不可以轻[37]，轻则失亲。失亲患必至，病而乞盟，所丧多矣[38]，君必悔之。』弗听，逃其师而归[39]。

楚斗穀於菟灭弦[40]，弦子奔黄。

于是江、黄、道、柏方睦于齐[41]，皆弦姻也[42]。弦子恃之而不事楚，又不设备，故亡。

晋侯复假道于虞以伐虢。宫之奇谏曰：『虢，虞之表也[43]。虢亡，虞必从之。晋不可启，寇不可玩[44]，一之谓甚，其可再乎？谚所谓「辅车相依[45]，唇亡齿寒」者，其虞、虢之谓也。』公曰：『晋，吾宗也[46]，岂害我哉？』对曰：『大伯、虞仲[47]，大王之昭也[48]。大伯不从[49]，是以不嗣[50]。虢仲、虢叔[51]，王季之穆也[52]，为文王卿士，勋在王室，藏于盟府[53]。将虢是灭，何爱于虞？且虞能亲于桓、庄乎[54]，其爱之也，桓、庄之族何罪？而以为戮，不唯逼乎[55]？亲以宠逼，犹尚害之，况以国乎？』公曰：『吾享祀丰洁[56]，神必据我[57]。』对曰：『臣闻之，鬼神非人实亲[58]，惟德是依。故《周书》曰[59]：「皇天无亲，惟德是辅。」又曰：「黍稷非馨[60]，明德惟馨[61]。」又曰：「民不易物[62]，惟德繄物[63]」。如是，则非德，民不和，神不享矣。神所冯依[64]，将在德矣。若晋取虞而明德以荐馨香[65]，神其吐之乎？』弗听，许晋使。

宫之奇以其族行[66]，曰：『虞不腊矣[67]，在此行也，晋不更举矣[68]。』

八月甲午，晋侯围上阳[69]。问于卜偃曰[70]：『吾其济乎[71]？』对曰：『克之。』公曰：『何时？』对曰：『童谣云：「丙之晨[72]，龙尾伏辰[73]，均服振振[74]，取虢之旂。鹑之贲贲[75]，天策焞焞[76]，火中成军[77]，虢公其奔。」其九月、十月之交乎。丙子旦，日在尾[78]，月在策[79]，鹑火中，必是时也。』

冬十二月丙子朔[80]，晋灭虢，虢公丑奔京师。师还，馆于虞，遂袭虞，灭之，执虞公及其大夫井伯，以媵秦穆姬[81]。而修虞祀，且归其职贡于王[82]。

故书曰：『晋人执虞公。』罪虞，且言易也。

【注释】

①王正月辛亥朔：指周历正月初一日，即夏历十一月初一。②日南至：冬至。③视朔：天子诸侯每月朔日祭告于祖庙，然后治理政事。以特羊告于庙，称告朔。告朔之后，仍在太庙听治一个月政事，称视朔，也称听朔。④望：观望云气。⑤分：春分或秋分。⑥至：夏至或冬至。⑦启：立春或立夏。⑧闭：立秋或立冬。⑨云物：云色，即五云之色，系指青、白、赤、黑、黄五色。古礼，国君在二分（春分、秋分）二至（夏至、冬至）及四立（立春、立夏、

立秋、立冬）之日，必登台以望天象，占卜吉凶而记载下来。⑩备：准备，防备。⑪蒲、屈：均为晋地名。⑫置薪：城墙里放进了木柴。⑬让：责备。⑭稽首：古代拜礼中最敬的礼仪，手、头同时下至于地，一般通行于尊卑之间。⑮戚：悲伤。⑯雠：相应。⑰戎：战事。⑱雠：仇敌。保：守卫。⑲寇雠：泛指敌人。⑳守官：居官任职。废命：拒绝命令。㉑怀德惟宁二句：见《诗经·大雅·板》第七章。宗子：群宗之子，即诸公子。㉒寻师：用兵。㉓狐裘：大夫的服装。龙茸：杂乱。㉔适：主。㉕不校：不违抗。校，违抗。㉖徇：通告，通令。㉗逾垣：跳墙。㉘祛：袖口。㉙翟：同『狄』。㉚公孙兹：即叔孙戴伯。牟：国名，在今山东莱芜市东。㉛首止：卫国地名。㉜辕宣仲：即辕涛涂。反己：背约，出卖。㉝美城：将城邑筑得美观。㉞大名：即扩大名声。㉟王：周惠王。周公：名宰孔。郑伯：指郑文公。㊱孔叔：郑国大夫。㊲轻：轻举妄动。㊳丧：失。㊴逃其师：离开军队只身逃跑。㊵斗穀於菟：楚臣。弦：姬姓国，在今河南省潢川县西北。㊶江、黄、道、柏：四国名，地处楚国附近。㊷姻：姻亲。㊸表：外围。㊹玩：玩忽，轻侮。㊺辅：车厢两边的夹板。㊻宗：同宗。晋与虞为同姓国。㊼大伯：即太伯，周太王长子。虞仲：太伯之弟，太王次子。㊽大王：即太王。昭：古代庙次及墓次。始祖居中，其后第一、三、五代逢奇数者位在左，为昭；第二、四、六代逢偶数者位在右，为穆。㊾不从：不跟随身边。㊿不嗣：太伯为太王长子，与其弟虞仲远去吴国，未能继承父位，由其幼弟王季继位。(51)虢仲、虢叔：王季（季历）之子。(52)穆：见昭注。周代以后稷为始祖，太王（古公亶父）为后稷第十二代孙，为穆；其子太伯、虞仲、季历皆为昭。而虢仲、虢叔为季历之子，故为穆。(53)盟府：掌功勋盟约的官府。(54)桓、庄：指曲沃桓叔和曲沃庄伯。(55)逼：逼近，压力。(56)享祀：祭品。丰洁：丰盛而洁净。(57)据：依靠，依从。(58)非人实亲：倒装句，即非亲人。(59)《周书》：此《周书》秦以后失传，即所谓《逸书》。(60)黍稷：古代祭祀常用的谷物。馨：芳香。(61)明德：光明之德。(62)易物：改变祭物。(63)繄：语气词。(64)冯：同『凭』。(65)荐：进献。(66)以：率领。族：家族。(67)腊：腊祭。(68)更举：另外用兵。举，举兵。(69)上阳：虢国都，在今河南省陕县南。(70)卜偃：晋国卜官。偃，人名。(71)济：成功。(72)丙之晨：丙子日的早晨。(73)龙尾：星名，即尾宿，为苍龙七宿的第六宿。伏辰：伏于辰。日月相会为『辰』。此时龙尾星为日光所敝，伏而不见。(74)均服：即戎服、军装。振振：盛美。(75)鹑：鹑火星，又名柳宿星，为朱鸟七宿的第三宿，属长蛇星座。贲贲：如鸟状。(76)天策：即傅说星。焞焞：光暗弱。(77)火中：鹑火星出现于正南方。(78)尾：即龙尾星。(79)策：天策星。(80)丙子：即夏正初一日。(81)以媵秦穆姬：即将井伯作为秦穆姬的陪嫁臣。秦穆姬：晋献公女，秦穆公夫人。(82)职贡：贡赋。

【译文】

五年春季，周历正月一日，冬至。僖公在太庙听政一个月后，登上观台观望云气。《春秋》记载此事，是合乎礼的。凡是春分秋分、夏至冬至、立春立夏、立秋立冬，一定都要记载云气情况，为的是及时做好准备。

晋献公派使者来鲁国报告杀害太子申生的原因。

当初，晋献公派士蒍为两位公子在蒲地和屈地筑城，士蒍不小心把木柴放到了城墙中，夷吾把这件事告诉了献公。献公便派人责备士蒍，士蒍叩首回答说：『为臣听说：没有丧事而悲伤，忧愁必然随之而来；没有战患而筑城，反而会使国内的敌人据以抵抗。既然敌人有可能占据，建造时哪里还用得着认真？我本不愿去筑城，但身为此官，不服从命令就是对君不敬；但如果把城墙建造得十分坚固，将来成为仇敌的坚固城池，对于国家来说，又是不忠。

丢弃了忠和敬，怎么还能侍奉国君呢？《诗经》说：「拥有德行，国家就会安宁；有了诸位公子，就有了坚固的城池。」国君只要注重修养德行并巩固公子们的地位，什么样的城能比得上呢？三年以后就会发生战乱，现在筑城哪里还用得着谨慎？』退出来后又吟诗道：『皮袍乱蓬蓬，一国有三公，我把谁跟从？』

等到发生了祸患，献公派寺人披攻打蒲城。重耳说：『父亲的命令不能抵抗。』于是通令说：『谁抵抗，谁就是我的敌人。』然后跳墙而走，披砍掉了他的袖口。最后，重耳逃亡到了翟国。

夏季，公孙兹到牟国娶亲。

僖公和齐桓公、宋桓公、陈宣公、卫文公、郑文公、许男、曹昭公在首止相会，并会见了王太子郑，谋划如何使王室趋于安定。

陈国的辕涛涂因郑国的申侯在召陵出卖了自己而怀恨在心，因此怂恿申侯在所赐的虎牢筑城，说：『把城建得漂亮一些，能扩大名声，子孙也不会忘记你。我可以为你请求。』于是就向诸侯请求，得到允许后筑起了城墙，而且建造得很美观。辕涛涂转而又在郑文公面前诬陷申侯说：『他将赐封之地的城墙建得那么美观，肯定是准备叛乱的。』申侯因此得罪了郑文公。

秋季，诸侯举行会盟。周天子派周公召见郑文公，对他说：『我让你随从楚国，并让晋国辅助你，这样可以使各国之间稍稍安定一些。』郑文公很高兴，又害怕还没有朝见齐国，就准备逃回国内而不去参加盟会。孔叔阻止他说：『国君不能轻率从事，轻率就会失去亲近的人；失去亲近的人，祸患必然到来。等国家遇到困难时再去乞求结盟，失去的就太多了，您一定会后悔的。』文公不听，丢下了军队独自逃回国内。

楚国的斗穀於菟灭掉了弦国，弦子逃亡到了黄国。

此时江、黄、道、柏四国正和齐国交好，这几个国家和弦国都有婚姻关系。弦子依仗这个不去侍奉楚国，国家又不设防，因此被灭亡。

晋献公再次向虞国借道攻打虢国，宫之奇规劝虞公说：『虢国是虞国的屏障，如果虢国灭亡了，虞国也必定跟着灭亡。对晋国的野心不可助长，对侵犯他国的军队不能放松警惕。上次允许晋国借道，已经是很过分了，怎么可以再有第二次呢？俗话说：「辅车相依，唇亡齿寒。」说的就是虞国和虢国这种关系吧。』虞公说：『晋国和虞国都是姬姓国家，是同一宗族，难道它能害我们吗？』宫之奇回答说：『当年太伯和虞仲都是周太王的儿子，太伯没有听从父命和虞仲一起出走，所以他没有继承王位。虢仲、虢叔都是王季的儿子，都做过周文王的卿士，对王室来说是有功劳的，他们受封时的典策至今还藏在盟府里。晋国既然连虢国这样的同宗都想灭掉，那么对虞国又有什么可爱惜的呢？再说，它对虞国还能比对桓、庄的后代更亲近吗？桓、庄的后代有什么罪？竟成了杀戮的对象，还不是因为他们对晋侯构成了威胁吗？亲族之间由于权势的威胁，尚且加以杀害，更何况您还拥有一个国家呢？』虞公说：『我祭祀的供品丰盛而又洁净，神灵一定保佑我。』宫之奇回答说：『我听说：神灵并不亲近哪一个人，它只是保佑有德行的人。因此《周书》中说：「上天不分亲疏，只保佑有德之人。」又说：「黍稷的味道并不是馨香，只有光明的德行才是馨香。」又说：「人们进献的祭品是相同的，只有有德人的祭品才算是真正的祭品。」如此说来，如果没有德行，百姓就不会和睦，神灵也不会享用他的祭品。神灵所保佑的，只是那些有德行的。如果晋国吞并了虞国，然后又崇尚德行，进献它的祭品，神灵还会把它的东西吐出来吗？』虞公不听，答应了晋国使者的请求。宫之奇领着他的家族离开了虞国，他说：『虞国举行不了今年的腊祭了，晋国将在这次行动中顺便灭掉虞国，不必再专程发兵了。』

八月某日，晋献公包围了上阳。他向卜偃问道：『我能成功吗？』卜偃回答说：『能。』献公说：『在什么时候？』卜偃说：『有童谣说：「丙子之日天破晓，龙尾星宿见不到。军服威武多漂亮，虢国旗帜已夺到。鹑火星像只鸟，天策星无光耀。鹑火出现军队到，吓得虢公要逃跑。」大概在九月底十月初吧！这一天是丙子日的清晨，太阳在尾星之上，月亮在策星之上，鹑火星出现于南方，一定是在这个时候。』

冬季十二月一日，晋国灭掉了虢国，虢公丑逃亡到了京城。晋军返回途中，驻扎在虞国，趁机袭击并灭亡了它，并且抓住了虞公和他的大夫井伯，又把井伯作为秦穆姬的陪嫁送到了秦国；但并没有废弃虞国的祭祀，而且还把虞国的赋税送给周天子。

因此《春秋》记载说：『晋人执虞公。』表示归罪于虞公，而且说明晋国很容易就灭掉了虞国。

文　公

文公元年

传　元年春，王使内史叔服来会葬。公孙敖闻其能相人也①，见其二子焉。叔服曰：『穀也食子②，难也收子③。

榖也丰下[4]，必有后于鲁国[5]。』

于是闰三月，非礼也。先王之正时也[6]，履端于始[7]，举正于中[8]，归余于终[9]。履端于始，序则不愆[10]。举正于中，民则不惑。归余于终，事则不悖[11]。

夏四月丁巳[12]，葬僖公。

王使毛伯卫来锡公命[13]，叔孙得臣如周拜[14]。

晋文公之季年[15]，诸侯朝晋。卫成公不朝，使孔达侵郑[16]，伐緜、訾[17]，及匡[18]。晋襄公既祥[19]，使告于诸侯而伐卫，及南阳[20]。先且居曰：『效尤，祸也。请君朝王，臣从师。』晋侯朝王于温，先且居、胥臣伐卫。五月辛酉朔[21]，晋师围戚[22]。六月戊戌[23]，取之，获孙昭子[24]。

卫人使告于陈。陈共公曰：『更伐之[25]，我辞之[26]。』卫孔达帅师伐晋，君子以为古[27]。古者越国而谋。

秋，晋侯疆戚田[28]。故公孙敖会之。

初，楚子将以商臣为大子，访诸令尹子上[29]。子上曰：『君之齿未也[30]，而又多爱[31]，黜乃乱也。楚国之举[32]，恒在少者[33]。且是人也，蜂目而豺声[34]，忍人也[35]，不可立也。』弗听。既又欲立王子职而黜大子商臣[36]。商臣闻之而未察[37]，告其师潘崇曰：『若之何而察之？』潘崇曰：『享江芈而勿敬也[38]。』从之。江芈怒曰：『呼，役夫[39]！宜君王之欲杀女而立职也[40]。』告潘崇曰：『信矣。』潘崇曰：『能事诸乎[41]？』曰：『不能。』『能行乎[42]？』曰：『不能』。『能行大事乎[43]？』曰：『能。』

冬十月，以宫甲围成王[44]。王请食熊蹯而死[45]。弗听。丁未[46]，王缢。谥之曰灵，不瞑；曰成，乃瞑。

穆王立[47]，以其为大子之室与潘崇，使为大师，且掌环列之尹[48]。

穆伯如齐[49]，始聘焉，礼也。凡君即位，卿出并聘[50]，践修旧好[51]，要结外援[52]，好事邻国，以卫社稷，忠信卑让之道也。忠，德之正也；信，德之固也；卑让[53]，德之基也。

殽之役，晋人既归秦帅，秦大夫及左右皆言于秦伯曰：『是败也，孟明之罪也，必杀之。』秦伯曰：『是孤之罪也。周芮良夫之诗曰[54]：「大风有隧，贪人败类。听言则对，诵言如醉。匪用其良，覆俾我悖[55]。」是贪故也，孤之谓矣。孤实贪以祸夫子[56]，夫子何罪？』复使为政。

【注释】

①公孙敖：鲁大夫庆父之子。相人：给人相面。②穀：字文伯，公孙敖长子。食子：奉养您。③难：字惠叔，公孙敖次子。收子：安葬您。④丰下：颐颔丰满。⑤有后：后嗣昌盛。⑥正时：端正时令。⑦履端于始：推算年历以冬至为始。⑧举正于中：以正朔之月为正月。⑨归余于终：置闰月于岁终。⑩愆：过错。⑪悖：谬误。⑫丁巳：二十六日。⑬毛伯卫：人名：天王使者。⑭叔孙得臣：鲁臣，又称叔孙庄叔、庄叔。拜：拜谢赐命。⑮季年：末年。⑯孔达：卫臣。⑰緜：不详何地，当与匡邑相近。訾：訾娄，本为卫邑，后属郑。⑱匡：本为卫邑，在今河南省长垣县西南，后为郑国夺去。⑲既祥：即小祥祭祀以后。祥，古丧礼名。⑳南阳：地名，今属河南。㉑辛酉朔：初一日。㉒戚：卫邑，在今河南省濮阳县北。㉓戊戌：初八日。㉔孙昭子：卫大夫。㉕更伐之：转过去攻打他们。㉖辞：言辞。㉗古：粗略、固陋。㉘疆：划疆正界。㉙访：询问。㉚齿未：年岁不大。㉛多爱：内宠多。㉜举：立。㉝恒：常。

㉞蜂目：眼睛像蜂。豺声：声音如豺。㉟忍人：残忍的人。㊱既：立了以后。王子职：商臣的庶弟。㊲未察：未明察。㊳江芈：楚成王之妹。㊴呼：叹词，表惊怪。役夫：贱者的称呼。㊵杀女：即废掉你。女，同「汝」。㊶事：侍奉。㊷行：逃亡。㊸大事：指弑君，一说指政变。㊹宫甲：东宫甲士。㊺熊蹯：熊掌。㊻丁未：十月十八日。㊼穆王：即商臣。㊽环列之尹：统领宫廷警卫的长官。㊾穆伯：即公孙敖。㊿并聘：普遍向诸侯聘问。51践：继续。52要：束，集。53卑让：谦让。54芮良夫：周厉王时卿士。55大风有隧六句：出自《诗经·大雅·桑柔》篇。隧，迅疾。败类：败坏良善。听言则对：听到道听途说的话就喜欢答对。诵言如醉：听到经典之中的话就昏昏欲睡。诵言，指《诗》《书》之言。匪：通「非」。覆俾我悖：反使我做悖逆之行。覆，反。56夫子：指孟明。

【译文】

元年春季，天子派内史叔服前来参加僖公的葬礼。公孙敖听说叔服会相面，便让自己的两个儿子去拜见他。叔服说：「穀能祭祀供养您，难可以安葬您。穀的下巴丰满，其后代必然会在鲁国昌盛起来。」

这时候闰三月，不合礼。先王为了端正时令，推算年历时以冬至作为开始，把春分、秋分、夏至、冬至的月份作为四季的中月，剩余的时间则归在年终。推算年历以冬至为开始，四季的顺序就不会混乱；春分、秋分、夏至、冬至的月份作为四季的中月，百姓就不会糊涂；将剩余的时间归在年终，做事就不会有谬误。

夏季四月二十六日，安葬鲁僖公。

天子派毛伯卫前来赐命鲁文公，叔孙得臣前往王室拜谢。

晋文公晚年，诸侯前往晋国朝见。卫成公没去朝见，又派孔达入侵郑国，攻打緜、訾，到达匡地。晋襄公在举行了小祥祭祀以后，派人通告诸侯前往攻打卫国，到了南阳。先且居说：『效法错误的行为，将会招致祸害。请国君朝见天子，我领着军队去攻打。』襄公到温地朝见天子，先且居、胥臣攻打卫国。五月一日，晋军围攻戚地。六月八日，夺取了戚地，抓获了孙昭子。

卫国派人向陈国告急。陈共公说：『再去攻打他们，我去请求讲和。』卫国的孔达率军进攻晋国。君子认为卫国这样做过于固陋。所谓固陋是指居然让其他国家为自己出主意。

秋季，晋国划定戚地的疆界。为此，公孙敖在戚地会见了晋襄公。

当初，楚成王准备把商臣立为太子，曾向令尹子上征求意见。子上说：『国君还很年轻，又有这么多宠妾，如果现在立了商臣，将来再废黜，就会产生祸乱。楚国立太子，常常立最年轻的。再说商臣这个人，有着蜂一样的眼睛，豺狼一样的声音，是个残忍的人，不能立他。』成王不听。立了商臣后，又想立王子职，就决定废黜太子商臣。商臣对此有所风闻，但不太清楚，就告诉他的老师潘崇说：『怎样才能搞清楚呢？』潘崇说：『你设宴招待江芈，故意对她不尊重。』商臣听了他的话。果然，江芈生气地说：『好啊，下贱的东西！难怪国君想杀掉你而立职，真是活该。』商臣告诉潘崇说：『果真有此事。』潘崇说：『你能侍奉公子职吗？』商臣说：『不能。』『能逃到国外吗？』『不能。』『能把国君杀掉吗？』『能。』

冬季十月，商臣带领宫中侍卫包围了成王。成王请求吃了熊掌后再死，商臣不同意。十八日，成王自缢而死。商臣给他加谥号『灵』，他死不瞑目；谥为『成』，才闭上眼睛。

楚穆王商臣即位，他把太子时的财物仆妾都送给了潘崇，并让他做了太师，还兼管宫廷侍卫军。

穆伯到齐国开始聘问，这是合乎礼的。凡国君即位，卿都要到各国聘问，继续发展过去的友好关系，团结外部力量，与邻国友好相处，以保卫自己的国家，这是合乎忠、信、卑让之道的。忠，使德行更为纯正；信，使德行得以巩固；卑让，则是德行的基础。

殽地之战后，晋国释放了秦国主帅。秦国的大夫和左右侍从都对秦穆公说：『这次失败，是孟明的罪过，一定要把他杀死。』穆公说：『这是我的罪过。周朝芮良夫有诗说：「大风迅疾刮过，贪婪使人弃善从恶，听到什么就轻率回答，诵读《诗》《书》则昏睡欲卧，不能重用有才之人，反而听信邪恶之说。」这是贪婪的缘故，说的正是我啊。我因为贪婪而使孟明获罪，孟明有什么罪？』就重新让孟明执政。

文公二年

传　二年春，秦孟明视帅师伐晋，以报殽之役。二月，晋侯御之。先且居将中军，赵衰佐之。王官无地御戎[1]，狐鞫居为右[2]。甲子[3]，及秦师战于彭衙[4]。秦师败绩。晋人谓秦『拜赐之师』。

战于殽也，晋梁弘御戎，莱驹为右。战之明日，晋襄公缚秦囚，使莱驹以戈斩之。囚呼，莱驹失戈，狼瞫取戈以斩囚[5]，禽之以从公乘[6]，遂以为右。箕之役，先轸黜之而立续简伯[7]。狼瞫怒。其友曰：『盍死之？』瞫曰：『吾未获死所。』其友曰：『吾与女为难[8]。』瞫曰：『《周志》有之[9]，勇则害上[10]，不登于明堂[11]。死而不义，非勇也。共用之谓勇[12]。吾以勇求右，无勇而黜，亦其所也。谓上不我知[13]，黜而宜，乃知我矣。子姑待之。』及彭衙，既陈，以其属驰秦师，死焉。晋师从之，大败秦师。

君子谓：『狼瞫于是乎君子。诗曰：「君子如怒，乱庶遄沮[14]。」又曰：「王赫斯怒，爰整其旅[15]。」怒不作乱而以从师，可谓君子矣。』

秦伯犹用孟明。孟明增修国政，重施于民。赵成子言于诸大夫曰[16]：『秦师又至，将必辟之[17]，惧而增德，不可当也。诗曰：「毋念尔祖，聿修厥德[18]。」孟明念之矣。念德不怠，其可敌乎？』

丁丑[19]，作僖公主，书，不时也。

晋人以公不朝来讨。公如晋。夏四月己巳[20]，晋人使阳处父盟公以耻之。书曰：『及晋处父盟。』以厌之也。适晋不书，讳之也。

公未至，六月，穆伯会诸侯及晋司空士縠盟于垂陇[21]，晋讨卫故也。书士縠，堪其事也[22]。

陈侯为卫请成于晋，执孔达以说[23]。

秋八月丁卯[24]，大事于大庙[25]，跻僖公[26]，逆祀也[27]。于是夏父弗忌为宗伯[28]，尊僖公，且明见曰[29]：『吾见新鬼大[30]，故鬼小[31]。先大后小，顺也。跻圣贤，明也。明、顺，礼也。』

君子以为失礼：『礼无不顺。祀，国之大事也，而逆之，可谓礼乎？子虽齐圣[32]，不先父食久矣[33]。故禹不先鲧[34]，汤不先契[35]，文、武不先不窋[36]。宋祖帝乙，郑祖厉王，犹上祖也[37]。是以《鲁颂》曰[38]：「春秋匪解，享祀不忒，皇皇后帝，皇祖后稷。」君子曰礼，谓其后稷亲而先帝也。《诗》曰：「问我诸姑，遂及伯姊㊴。」君子曰礼，谓其姊亲而先姑也。』仲尼曰：『臧文仲，其不仁者三，不知者三㊵。下展禽㊶，废六关㊷，妾织蒲㊸，三不仁也。作虚器㊹，纵逆祀㊺，祀爰居㊻，三不知也。』

冬，晋先且居、宋公子成、陈辕选、郑公子归生伐秦，取汪及彭衙而还，以报彭衙之役。卿不书，为穆公故，尊秦也，谓之崇德。

襄仲如齐纳币，礼也。凡君即位，好舅甥㊼，修昏姻，娶元妃以奉粢盛㊽，孝也。孝，礼之始也。

【注释】

①王官无地：人名，晋臣。②狐鞫居：晋臣，又称续鞫居。③甲子：二月七日。④彭衙：秦地名，在今陕西省白水县东北。⑤狼瞫：人名，晋臣。⑥禽之：擒莱驹。⑦续简伯：即续鞫居。⑧为难：发难，即共杀先轸。⑨《周志》：即《周书》。⑩则：如果。⑪明堂：祖庙。⑫共用：为国效命。⑬上：指先轸。⑭君子如怒二句：出自《诗经·小雅·巧言》。乱庶遄沮：动乱差不多能迅速制止。遄，疾，速。沮，阻止。⑮王赫斯怒，爰整其旅：句出《诗经·大雅·皇矣》。赫斯，赫然发怒的样子。爰，于是。⑯赵成子：赵衰。⑰辟：通「避」。⑱毋念尔祖二句：出自《诗经·大雅·文王》。毋念，怀念。毋，同「无」。聿：语助词，无义。厥：代词，他的，那个。⑲丁丑：二月二十日。⑳己巳：十三日。㉑士縠：士蒍之子。垂陇：郑地，在今河南省荥阳市东北。㉒堪其事：能胜任其事。㉓说：解说。㉔丁卯：十三日。㉕大事：指祭祀。㉖跻僖公：升僖公的神位。跻，升，登。僖公与闵公为兄弟，僖公继闵公为君，依当时礼制，闵公当在僖公之上。此升僖公之位于闵公之上，故称跻。㉗逆祀：不按先后次序祭祀。㉘于是：当时。

夏父弗忌：人名，鲁臣。宗伯：古代掌礼之官。㉙明见：明言其所见。㉚新鬼：指僖公。㉛故鬼：指闵公，其死已久。㉜齐圣：聪明圣哲。㉝不先父食：此句为譬喻，即后之国君享受祭品不能在先立国君之上。㉞鲧：禹的父亲。㉟契：汤的十三世祖。㊱不窋：周文王的先祖。㊲上祖：尊尚父祖。㊳《鲁颂》曰以下四句：出自《诗经·鲁颂·閟宫》，言郊祭上天与后稷。匪解：不懈怠。忒：差误。皇皇后帝：指天。后稷：相传尧舜时的农官，周之先祖。㊴问我诸姑，遂及伯姊：句出《诗经·邶风·泉水》。姑，父之姊妹。伯姊，长姊。㊵不知：不智。㊶下展禽：使展禽屈居下位。展禽，即柳下惠。㊷废六关：即置六关以纳税。㊸妾织蒲：小老婆织蒲席贩卖。言其与民争利。㊹作虚器：指藏文仲畜养大蔡之龟的事。㊺纵逆祀：指纵容夏父弗忌跻僖公的主张。㊻祀爰居：祭祀海鸟爰居。爰居，海鸟名。㊼好舅甥：鲁与齐世通婚姻，为舅甥之国，遣使申好，故称好舅甥。㊽娶元妃：鲁文公为初娶，故称娶元妃。奉粢盛：举行祭祀。粢盛，祭品。

【译文】

二年春季，秦国的孟明视率军攻打晋国，以报殽地一战之仇。二月，晋襄公领兵抵抗。先且居率领中军，赵衰为副帅。王官无地驾驭战车，狐鞫居为车右。二月七日，在彭衙和秦军交战，秦军大败。晋国人把秦军称为『前来拜谢恩德的部队』。

在殽地之战中，晋国的梁弘驾车，莱驹为车右。战斗持续到第二天，襄公让人把秦国的几个俘虏捆起来，让莱驹用戈砍他们的脑袋。俘虏大声喊叫起来，莱驹一失手，戈掉在地上。狼瞫迅速拿起戈砍了俘虏的脑袋，并把莱驹抓起追上了襄公的战车，襄公让他做了车右。箕地一战中，先轸废黜了狼瞫，让续简伯代替他，狼瞫非常恼怒。他的朋友说：『你何不去死？』狼瞫说：『我还没有找到死的地方。』朋友说：『我帮你杀掉先轸怎么样？』狼瞫说：『《周志》上说：勇猛但如果杀了位居在上的人，死后也不能进入庙堂。如果不义而死，不能算是勇敢。为国而死才叫作勇敢。我因为勇敢而做了车右，如今因为不勇敢而被废黜，也是应该的。如果说是先轸不了解我，废黜得当，这就是了解我。您等着瞧吧。』等到彭衙一战，狼瞫在摆开阵势以后，率领他的部下冲入秦军，结果死在那里。晋军紧随而上，大败秦军。

君子对此评论说：『狼瞫在这件事上可以说是个君子。《诗经》说：「君子如果发怒，动乱差不多可以迅速终止。」又说：「文王勃然大怒，于是就整顿军队。」愤怒但不去作乱，却上前线打仗，可以说是君子了。』

秦穆公还是任用了孟明。孟明更加努力于修明政事，给百姓以更大的好处。赵衰对大夫们说：『秦军再来攻打，一定要躲开，因为害怕对方而进一步修明德行，这样的人是不能抵抗的。《诗经》说：「怀念你的祖先，修明你的德行。」孟明知道这两句话，致力于修德并能坚持不懈，难道还能抵抗吗？』

二十日，鲁国设置了僖公的神位。《春秋》记载此事，是因为没有及时设置。

晋国人因为文公不去朝见而发兵攻打鲁国，文公便去了晋国。夏季四月十三日，晋国派阳处父和文公结盟，以此来羞辱他。《春秋》记载为『及晋处父盟』，表示对晋国的不满；对文公前往晋国一事不加记载，是为了避讳。

文公还没有回到鲁国。六月，穆伯和诸侯以及晋国司空士縠在垂陇结盟，这是因为晋国要攻打卫国。《春秋》直书『士縠』的名字，是认为他能胜任此事。

陈共公替卫国向晋国请求和好，并抓了孔达以向晋国解释。

秋季八月十三日，鲁国在太庙祭祀，把僖公的神位升到闵公之上，这是一位违背正常顺序的祭祀。当时夏父弗忌担任宗伯一职，他尊崇僖公，并且说明了他所见到的情况：『我看到新死的僖公的鬼魂大，早死的闵公的鬼魂小。先大后小，是合乎顺序的；使圣贤升位，是明智的；明智并且合乎顺序，是合乎礼的。』

君子认为这样做是失礼的：『礼没有不合顺序的；祭祀是国家的大事，不按照正常的顺序，能说是合乎礼吗？即使儿子再聪明圣哲，也不能在父亲之前享受祭品，这是老规矩。因此禹不能在鲧前面，汤不能在契前面，文王、武王不能在不窋前面。宋国以帝乙为祖宗，郑国以厉王为祖宗，都是对祖宗的崇尚。所以《鲁颂》说：「四时不怠惰，祭祀无差错，祭我伟大的上帝，祭我伟大的祖先后稷。」君子认为这是合乎礼的，就是说虽然和后稷亲近，却要先称上帝。《诗经》说：「问候我的姑姑，再问候我的姐姐。」君子认为这也合乎礼，就是说虽然姐姐和自己亲近，但却要先问候姑姑。』

孔子说：『臧文仲有三件事做得不仁爱，有三件事做得不聪明。使展禽屈居自己之下，设置了六个关口收税，让他的小妾织席贩卖与民争利，这三件事不够仁爱。给一个大乌龟建造房屋并养起来，纵容夏父弗忌升僖公之位于闵公之上，让国人祭祀海鸟爰居，这三件事不够聪明。』

冬季，晋国的先且居、宋国的公子成、陈国的辕选、郑国的公子归生联合攻打秦国，夺取了汪地，到达彭衙后回国，报了彭衙一战之仇。《春秋》不写各国卿的名字，是为了秦穆公的缘故，尊重秦国，叫作崇尚德行。

襄仲到齐国送去玉帛财礼，这是合乎礼的。凡国君即位，发展甥舅国家之间的友好关系，两国联姻，娶原配夫人以参加祭祀，这就是孝。讲究孝道，是遵循礼的开始。

文公十一年

传　十一年春，楚子伐麇，成大心败麇师于防渚①。潘崇复伐麇，至于锡穴②。

夏，叔仲惠伯会晋郤缺于承匡③，谋诸侯之从于楚者。

秋，曹文公来朝，即位而来见也。

襄仲聘于宋，且言司城荡意诸而复之，因贺楚师之不害也。

鄋瞒侵齐④，遂伐我。公卜使叔孙得臣追之，吉。侯叔夏御庄叔⑤，緜房甥为右，富父终甥驷乘⑥。冬十月甲午⑦，败狄于咸⑧，获长狄侨如⑨。富父终甥摏其喉⑩以戈杀之。埋其首于子驹之门⑪，以命宣伯⑫。

初，宋武公之世，鄋瞒伐宋，司徒皇父帅师御之⑬，耏班御皇父充石，公子谷甥为右，司寇牛父驷乘，以败狄于长丘⑭，获长狄缘斯⑮，皇父之二子死焉。宋公于是以门赏耏班⑯，使食其征⑰，谓之耏门。

晋之灭潞也⑱，获侨如之弟焚如。齐襄公之二年，鄋瞒伐齐，齐王子成父获其弟荣如，埋其首于周首之北门⑲。卫人获其季弟简如⑳，鄋瞒由是遂亡。

郕大子朱儒自安于夫钟㉑，国人弗徇㉒。

【注释】

①成大心：成得臣之子，字孙伯。防诸：麇地名，即今湖北省房县。②锡穴：当是麇国都城，在今陕西省白河县东。③叔仲惠伯：即叔彭成，鲁宗族。承匡：宋地名，在今河南省睢县西。④鄋瞒：国名，即北方长狄部落。⑤御庄叔：即驾驭庄叔的战车。庄叔，即得臣。⑥驷乘：四人共乘一车。⑦甲午：初三日。⑧咸：鲁地，在今山东省巨野县南。⑨长狄侨如：鄋瞒国君。⑩摏：抵住。⑪子驹之门：鲁国西郭门。⑫命宣伯：即将宣伯命名为侨如。宣伯，即叔孙得臣之子叔孙侨如。⑬皇父：宋戴公之子，字皇父，名充石。⑭长丘：宋邑名。⑮缘斯：侨如的先祖。⑯门：指城门。⑰食其征：享有城门的征税。⑱潞：长狄部落名。⑲周首：齐邑名，在今山东省东阿县东。⑳季弟：小弟弟。㉑夫钟：郕邑名，在今山东省汶上县东北。㉒徇：顺服。

【译文】

十一年春季，楚穆王攻打麇国，成大心在防渚打败了麇军。潘崇再次攻打麇国，一直攻至麇国的锡穴。

夏季，鲁国的叔仲惠伯在承匡会见了晋国的郤缺，为的是谋划如何对付顺从楚国的诸侯。

秋季，曹文公来鲁国朝见，这是他即位之后的例行朝见。

鲁国的襄仲前往宋国聘问，同时谈起司城荡意诸以及让他回国的事，还就楚国没有使宋国遭受危害一事表示了祝贺。

狄人鄋瞒进攻齐国，又攻打鲁国。文公占卜让叔孙得臣追赶，吉利。于是由侯叔夏为叔孙得臣驾车，緜房甥为车右，富父终甥为驷乘。冬季十月三日，在咸地打败狄人，俘虏了狄将长狄侨如。富父终甥以戈顶住他的喉咙将其杀死，把他的脑袋埋在鲁国的子驹之门下面。叔孙得臣以长狄侨如的名字为儿子起名，叫叔孙侨如。

当初，在宋武公时期，鄋瞒曾经进攻宋国。司徒皇父率领军队抵抗，耏班为皇父驾车，公子谷甥为车右，司寇牛父为驷乘，在长丘打败了狄人，俘虏了长狄缘斯，但皇父的两个儿子都战死了。宋武公因此把一座城门赏给了耏班，让他以征收的城门税作为俸禄，这座门被称为耏门。

晋国灭亡潞国时，曾俘虏了侨如的弟弟焚如。齐襄公二年，鄋瞒攻打齐国，齐国的王子成父俘虏了侨如的弟弟荣如，并把他的脑袋埋到周首的北门下面。卫国又俘虏了焚如的小弟弟简如，鄋瞒从此灭亡。

郕国的太子朱儒独自一人居住在夫钟，因为国人都不肯顺服他。

文公十二年

传　十二年春，郕伯卒，郕人立君。大子以夫钟与郕邽来奔①。公以诸侯逆之，非礼也。故书曰：『郕伯来奔』。不书地，尊诸侯也。

杞桓公来朝，始朝公也。且请绝叔姬而无绝昏②，公许之。

二月，叔姬卒，不言杞，绝也。书叔姬，言非女也③。

楚令尹大孙伯卒④，成嘉为令尹⑤。群舒叛楚⑥。夏，子孔执舒子平及宗子⑦，遂围巢⑧。

秋，滕昭公来朝，亦始朝公也。

秦伯使西乞术来聘，且言将伐晋。襄仲辞玉曰：『君不忘先君之好，照临鲁国⑨，镇抚其社稷，重之以大器⑩，寡君敢辞玉。』对曰：『不腆敝器，不足辞也。』主人三辞⑪。宾答曰：『寡君愿徼福于周公、鲁公以事君⑫，不腆先君之敝器，使下臣致诸执事以为瑞节⑬，要结好命⑭，所以藉寡君之命⑮，结二国之好，是以敢致之。』襄仲曰：『不有君子，其能国乎？国无陋矣⑯。』厚贿之。

秦为令狐之役故，冬，秦伯伐晋，取羁马⑰。晋人御之。赵盾将中军，荀林父佐之。郤缺将上军，臾骈佐之。栾盾将下军⑱，胥甲佐之⑲。范无恤御戎⑳，以从秦师于河曲㉑。

臾骈曰：『秦不能久，请深垒固军以待之㉒。』从之。

秦人欲战。秦伯谓士会曰：『若何而战？』对曰：『赵氏新出其属曰臾骈㉓，必实为此谋，将以老我师也。赵有侧室曰穿㉔，晋君之婿也，有宠而弱㉕，不在军事，好勇而狂㉖，且恶臾骈之佐上军也。若使轻者肆焉㉗，其可。』秦伯以璧祈战于河。

十二月戊午㉘，秦军掩晋上军㉙，赵穿追之，不及。反，怒曰：『裹粮坐甲㉚，固敌是求，敌至不击，将何俟焉？』军吏曰：『将有待也。』穿曰：『我不知谋，将独出。』乃以其属出。宣子曰㉛：『秦获穿也，获一卿矣。秦以胜归，我何以报㉜？』乃皆出战，交绥㉝。

秦行人夜戒晋师曰：『两君之士皆未慭也㉞，明日请相见也。』臾骈曰：『使者目动而言肆㉟，惧我也，将遁矣。薄诸河㊱，必败之。』胥甲、赵穿当军门呼曰：『死伤未收而弃之，不惠也；不待期而薄人于险，无勇也。』乃止。

秦师夜遁。复侵晋，入瑕。

城诸及郓㊲，书，时也。

【注释】

①郕邽：即郕国之宝。邽，即圭，玉器。②绝叔姬：与叔姬断绝夫妻关系。无绝昏：与鲁国不断绝婚姻关系。③非女：并非未嫁的女子。④大孙伯：即成大心。⑤成嘉：若敖曾孙，字子孔。⑥舒：国名，偃姓。有舒庸、舒蓼、舒鸠、舒龙、舒鲍、舒龚六名，均为同宗异国，称为群舒。大致宗国在今安徽省舒城县，而散居于舒城县、庐江县至巢县一带。⑦舒子平：舒国国君名平。宗子：舒同宗国之君。⑧巢：群舒国名，在今安徽省巢县东北。⑨照临：光临。⑩大器：圭、璋之类。⑪主人：指襄仲。⑫徼福：求福。⑬瑞节：吉祥的信物。节，信。⑭要：约。好命：友好之命。⑮藉寡君之命：凭借此物（指玉）以表达寡君的命令。⑯无陋：不鄙陋。⑰羁马：晋邑，在今山西省永济市南。⑱栾盾：栾枝之子。⑲胥甲：胥臣之子。⑳范无恤：晋臣。㉑从：迎战。㉒深垒：加高壁垒。㉓出其属：提拔其下属。㉔侧室：氏族的旁支。㉕弱：年少。㉖狂：狂妄。㉗轻者：指勇而无刚的人。肆：突然袭击而后撤退。㉘戊午：初四日。㉙掩：袭击。㉚裹粮坐甲：装着粮食，披着甲胄。㉛宣子：即赵盾。㉜报：回报国人。㉝交绥：交相退兵。㉞未憖：不痛快。憖：情愿。㉟言肆：声音失常。㊱薄：迫近。㊲诸、郓：鲁二邑名。

【译文】

十二年春季，郕伯去世，郕国人另立了国君。太子朱儒带着夫钟一地和郕国宝器逃奔来到鲁国。文公以诸侯之礼接待，这是不合礼的。因此《春秋》记载为『郕伯来奔』。没写进献土地一事，是出于对诸侯的尊重。

杞桓公来鲁国朝见，这是他首次朝见文公。同时他又提出和叔姬离婚，但并不断绝两国的婚姻关系，文公答应了他。

二月，叔姬去世，《春秋》中没写『杞』字，表明她已与杞国断绝了关系；写『叔姬』，说明她已不是未嫁女子了。

楚国的令尹大孙伯去世，成嘉做了令尹。此时群舒背叛了楚国。夏季，成嘉抓住了舒子平和宗子，并包围了巢国。

秋季，滕昭公来鲁国朝见，他也是首次朝见文公。

秦康公派西乞术来鲁国聘问，并说打算攻打晋国。襄仲辞谢西乞术赠送的玉器，说：『承蒙贵君没有忘记两国先君结下的友谊，派您光临敝国，以稳定我国，并赠给我们贵重的玉器。寡君不敢接受玉器。』西乞术回答说：『区区薄礼，不值得辞谢！』襄仲辞让三次。西乞术说：『寡君希望能得到周公和鲁公的保佑，以侍奉贵君，因此派我将这并不丰厚的玉器送给贵国，以作为信物，求得两国之间的友好。我肩负寡君的使命，前来缔结两国的友好，所以才敢献上这微薄的礼物。』襄仲说：『如果没有这样的君子，还能治理好国家吗？看来秦国人并不鄙陋啊！』厚赠了西乞术。

令狐战役，秦国战败，因此秦康公于冬季攻打晋国，夺取了羁马。晋国人抵抗，赵盾率领中军，荀林父为副帅；郤缺率领上军，臾骈为副帅；栾盾率领下军，胥甲为副帅；由范无恤驾车，追击秦军，直到河曲。臾骈说：『秦军坚持不了很久，我军应高筑营垒，巩固防线，以等待秦军撤退。』赵盾采纳了这一建议。

秦军准备攻击，秦康公对士会说：『采取什么方法作战呢？』士会回答说：『赵盾最近提拔了一位下属名叫臾骈，一定是这个人出的主意，企图使我军长久在外以致疲惫不堪。但赵盾有个旁支子弟名叫赵穿，是晋君的女婿，很受赵盾宠信。这个人年轻，不懂得打仗，生性勇猛且狂妄自大，并且对臾骄出任上军副帅非常不满。如果派出一些勇猛但不刚强的人袭击他，大概能够激他出战。』秦康公把玉璧投入黄河，祈求河神保佑取得胜利。

十二月四日，秦军袭击晋国的上军。赵穿追出城外，没有追上，回来后发怒说：『带着粮食，披着盔甲，就是为了追击敌人。敌人来到跟前却不去追，还等什么呢？』军吏说：『准备等待好时机啊！』赵穿说：『我不懂得什么谋略，我准备自己出去。』就率领他的部下冲出城外。赵盾说：『假如秦军俘虏了赵穿，就是俘虏了我国一个卿。如果秦军带着他胜利回国，我拿什么回报国人呢？』于是晋军全部出城作战，两军刚一交锋就各自退兵了。

秦国派使者在夜间到晋军告诉说：『双方的将士还没有尽兴，请求明天再打！』臾骈说：『秦军使者眼珠乱转声音失常，表明已经害怕我们，准备逃走了。只要把他们逼到黄河边上，就一定能打败。』此时胥甲、赵穿挡住营门大声喊道：『死伤的将士还没有来得及救护，就丢下他们去追击敌人，实在是不仁慈啊！不到约定的时间就把人家逼到险要之处，是没有勇气的行为。』于是晋军停止了追击。秦军在夜间逃走后，又进攻晋国，夺取了瑕地。

鲁国在诸地和郓地筑城，《春秋》记载此事，是因为此时筑城合乎时令。

宣　公

宣公元年

传　元年春，王正月，公子遂如齐逆女，尊君命也。

三月，遂以夫人妇姜至自齐，尊夫人也。

夏，季文子如齐，纳贿以请会。

晋人讨不用命者，放胥甲父于卫①，而立胥克②。先辛奔齐③。

会于平州④，以定公位。

东门襄仲如齐拜成。

六月，齐人取济西之田，为立公故，以赂齐也。

宋人之弑昭公也，晋荀林父以诸侯之师伐宋，宋及晋平。宋文公受盟于晋，又会诸侯于扈，将为鲁讨齐，皆取赂而还。

郑穆公曰：『晋不足与也。』遂受盟于楚。陈共公之卒，楚人不礼焉。陈灵公受盟于晋。

秋，楚子侵陈，遂侵宋。晋赵盾帅师救陈、宋。会于棐林⑤，以伐郑也。楚蒍贾救郑，遇于北林⑥。囚晋解扬⑦，晋人乃还。

晋欲求成于秦，赵穿曰：『我侵崇⑧，秦急崇，必救之。吾以求成焉。』冬，赵穿侵崇，秦弗与成。

晋人伐郑，以报北林之役。于是，晋侯侈⑨，赵宣子为政，骤谏而不入⑩，故不竞于楚⑪。

【注释】

①放：放逐。②胥克：胥甲父之子。③先辛：胥甲父的下属。④平州：齐地名，在今山东省莱芜市西。⑤棐林：郑地名，在今河南省新郑市北。⑥北林：郑地名，在今河南省郑州市东南。⑦解扬：晋大夫。⑧崇：国名，在今陕西省户县东。⑨侈：奢侈。⑩骤谏：屡谏。不入：听不进。⑪竞：争。

【译文】

元年春季，周历正月，公子遂到齐国迎娶齐女。《春秋》直书『公子遂』，表明他是遵照国君的命令去的。

三月，公子遂带着夫人妇姜从齐国回到鲁国。《春秋》称公子遂为『遂』，表示对夫人的尊重。

夏季，季文子前往齐国，向齐国进献财礼以请求参加诸侯的会盟。

晋国为了惩罚不肯效命的人，把胥甲父放逐到了卫国，立了胥克为继承人。先辛逃亡到了齐国。

宣公和齐惠公在平州会谈，为的是稳定宣公的君位。

公子遂前往齐国，就宣公得以参加诸侯会盟表示感谢。

六月，齐国取得了鲁国济水以西的田地，这是为感谢齐国同意立宣公为君而送去的礼物。

宋国人杀了宋昭公的时候，晋国的荀林父率领诸侯的军队攻打宋国。宋国和晋国讲和，宋文公接受了晋国的盟约。晋国又在扈地会合诸侯，准备为鲁国攻打齐国，但各国接受了宋国的财物后就全部撤军了。郑穆公说：『晋国不值得结交。』于是接受了楚国的盟约。陈共公去世时，楚国人未行丧礼，陈灵公即位后便接受了晋国的盟约。

秋季，楚庄王入侵陈国，又攻打宋国。晋国的赵盾率军救援陈、宋两国；又和宋文公、陈灵公、卫成公、曹文公在棐林会师，以攻打郑国。楚国的蒍贾救援郑国，双方在郑国的北林遭遇。楚军俘虏了晋国的解扬，晋军才撤退回国。

晋国想和秦国讲和，赵穿说：『我们入侵崇国，秦国为崇国着急，必然会救援崇国，我们就可以提出和秦国讲和。』

冬季，赵穿入侵崇国，秦国并没有和晋国讲和。

晋军攻打郑国，为的是报北林一战之仇。此时晋灵公奢侈无度，赵盾执政，虽多次进谏，灵公也不听，因此晋国无力与楚国抗争。

宣公二年

传　二年春，郑公子归生受命于楚①，伐宋。宋华元、乐吕御之②。二月壬子③，战于大棘④，宋师败绩，因华元，获乐吕，及甲车四百六十乘，俘二百五十人，馘百人。

狂狡辂郑人⑤，郑人入于井，倒戟而出之⑥，获狂狡。君子曰：「失礼违命，宜其为禽也。戎⑦，昭果毅以听之之谓礼⑧。杀敌为果，致果为毅。易之，戮也。」

将战，华元杀羊食士，其御羊斟不与⑨。及战，曰：「畴昔之羊⑩，子为政，今日之事，我为政。」与入郑师，故败。君子谓：「羊斟非人也，以其私憾⑪，败国殄民⑫。于是刑孰大焉。《诗》所谓「人之无良」者⑬，其羊斟之谓乎，残民以逞。」

宋人以兵车百乘、文马百驷以赎华元于郑⑭。半入⑮，华元逃归。立于门外，告而入。见叔牂⑯，曰：「子之马然也。」对曰：「非马也，其人也。」既合而来奔⑰。

宋城，华元为植⑱，巡功⑲。城者讴曰⑳：「睅其目㉑，皤其腹㉒，弃甲而复㉓。于思于思㉔，弃甲复来。」使其骖乘谓之曰：

「牛则有皮，犀兕尚多[25]，弃甲则那[26]？」役人曰：「从其有皮[27]，丹漆若何？」华元曰：「去之，夫其口众我寡。」

秦师伐晋，以报崇也，遂围焦[28]。夏，晋赵盾救焦，遂自阴地[29]，及诸侯之师侵郑，以报大棘之役。

楚斗椒救郑，曰：「能欲诸侯而恶其难乎[30]？」遂次于郑以待晋师。赵盾曰：「彼宗竞于楚[31]，殆将毙矣。姑益其疾[32]。」乃去之。

晋灵公不君[33]，厚敛以雕墙[34]，从台上弹人而观其辟丸也[35]。宰夫胹熊蹯不熟[36]，杀之，置诸畚[37]，使妇人载以过朝。赵盾、士季见其手，问其故，而患之。将谏。士季曰：「谏而不入，则莫之继也。会请先，不入则子继之[38]。」三进[39]，及溜[40]，而后视之。曰：「吾知所过矣，将改之。」稽首而对曰：「人谁无过？过而能改，善莫大焉。《诗》曰：『靡不有初，鲜克有终[41]。』夫如是，则能补过者鲜矣。君能有终，则社稷之固也，岂唯群臣赖之。又曰：『衮职有阙[42]，惟仲山甫补之[43]。』能补过也。君能补过，衮不废矣。」

犹不改。宣子骤谏[44]，公患之[45]。使鉏麑贼之[46]。晨往，寝门辟矣。盛服将朝，尚早，坐而假寐[47]。麑退，叹而言曰：「不忘恭敬，民之主也。贼民之主，不忠。弃君之命，不信。有一于此，不如死也。」触槐而死。

秋九月，晋侯饮赵盾酒，伏甲将攻之。其右提弥明知之[48]，趋登曰[49]：「臣侍君宴，过三爵，非礼也。」遂扶以下。公嗾夫獒焉[50]，明搏而杀之。盾曰：「弃人用犬，虽猛何为。」斗且出，提弥明死之。

初，宣子田于首山[51]，舍于翳桑[52]。见灵辄饿[53]，问其病。曰：「不食三日矣。」食之，舍其半。问之，曰：「宦三年矣[54]，未知母之存否。今近焉，请以遗之。」使尽之，而为之箪食与肉，置诸橐以与之。既而与为公介[55]，倒戟以御公徒[56]，而免之。问何故。对曰：「翳桑之饿人也。」问其名居[57]，不告而退，遂自亡也。

乙丑[58]，赵穿攻灵公于桃园[59]。宣子未出山而复[60]。太史书曰：『赵盾弑其君。』以示于朝。宣子曰：『不然。』对曰：『子为正卿，亡不越竟，反不讨贼，非子而谁？』宣子曰：『呜呼！「我之怀矣[61]，自诒伊戚[62]」，其我之谓矣！』

孔子曰：『董狐[63]，古之良史也，书法不隐[64]。赵宣子，古之良大夫也，为法受恶[65]。惜也，越竟乃免。』

宣子使赵穿逆公子黑臀于周而立之[66]。壬申[67]，朝于武宫[68]。

初，丽姬之乱，诅无畜群公子[69]，自是晋无公族[70]。及成公即位，乃宦卿之適而为之田[71]，以为公族。又宦其馀子，亦为馀子[72]，其庶子为公行[73]。晋于是有公族、馀子、公行。

赵盾请以括为公族[74]。曰：『君姬氏之爱子也[75]。微君姬氏[76]，则臣狄人也。』公许之。冬，赵盾为旄车之族[77]。使屏季以其故族为公族大夫。

【注释】

①命于楚：受楚于命。②华元：时为宋右师，当政。乐吕：时为宋司寇。③壬子：二月无壬子，恐有误。④大棘：宋地名，在今河南省睢县南。⑤狂狡：宋大夫。辂：迎战。⑥倒戟：即狂狡将戟柄授予人。⑦戎：战争。⑧昭果毅以听之：表明果敢坚毅的精神而服从政令。⑨羊斟：人名。不与：未参与吃羊肉。⑩畴昔：前天。⑪私憾：私仇。⑫殄民：残害人民。⑬人之无良：句出《诗经·小雅·角弓》。⑭文马百驷：毛色有文采的马四百匹。⑮半入：指所赎的兵车、文马仅送去一半。⑯叔牂：即羊斟。⑰合：答。⑱植：主持者。⑲巡功：巡行检查工程。⑳讴：唱歌。㉑睅：眼睛瞪大突出。㉒皤：肚子大。㉓复：指战败逃归。㉔于思：胡须多的样子。于，语助词。思，同偲。㉕犀兕：犀牛。兕，雌性犀牛。㉖那：奈何的合音。㉗从：同『纵』。㉘焦：晋邑，在今河南省陕县南。㉙阴地：地名，在今河南省

卢氏县东北。㉚欲诸侯：想得到诸侯拥护。恶：厌恶。㉛彼宗：他那个宗族。斗椒为若敖氏族，自子文以来，世为令尹。竞于楚：在楚国争强斗胜。㉜益其疾：扩大他的毛病。㉝不君：不合为君之道。㉞厚敛：加重赋税。雕墙：彩饰墙壁。㉟弹人：用弹弓打人。辟丸：躲避弹丸。㊱宰夫：膳夫。胹：烧煮。熊蹯：熊掌。㊲畚：畚箕。㊳不入：不纳。㊴三进：始进入门，再进入庭，三进升阶。㊵溜：屋檐下台阶之间。㊶靡不有初二句：出自《诗经·大雅·荡》篇。意为事情往往有好的开始，但很少能够善终。鲜，少。克，能。㊷衮：天子以及上公的礼服。阙：破损。㊸仲山甫：周宣王时的贤臣樊侯，也称樊仲甫。㊹宣子：即赵盾。㊺患：厌恶。㊻鉏麑：晋力士。贼：刺杀。㊼假寐：打瞌睡。㊽提弥明：赵盾的车右。㊾趋登：快步登堂。㊿嗾：用嘴发出声音驱使狗。獒：猛犬。51首山：即首阳山，在今山西省永济市东南。52翳桑：首山一带地名。53灵辄：人名。54宦：为人臣隶。一说为游学。55公介：晋灵公的甲士。56倒戟：即倒戈。57名居：姓名和住处。58乙丑：九月二十六日。59赵穿：晋臣，赵盾的从父兄弟之子。60未出山：未逃出晋境。61怀：怀恋。62诒：通『遗』。伊：此，指示代词。63董狐：晋太史名。64书法不隐：据法直书而不隐讳。65为法受恶：因法度而蒙受恶名。66公子黑臀：晋文公少子，立为成公。67壬申：十月三日。68武宫：曲沃武公之庙。69诅：诅咒。古有盟诅之法，盟大诅小，皆杀牲歃血，告誓明神，若有违背，神加其祸。畜：蓄留，收容。70公族：官名，掌管教训同族子弟，使同姓者担任。71宦卿之適：授予卿之嫡子以官职。宦，仕，用作动词。適，同『嫡』。72馀子：嫡子的同母弟，也为官名。73庶子：妾生的儿子。公行：官名。74括：赵括，也称屏括、屏季，赵盾异母弟。其母赵姬，晋文公女。75君姬氏：即赵姬，晋成公之姊。76微：无。77旄车之族：即馀子或公行。旄车，即诸侯所乘坐的戎路，也叫戎车。因戎车有旄，故名旄车。

【译文】

二年春季，郑国的公子归生接受楚国的命令攻打宋国，宋国的华元、乐吕领兵抵抗。二月某日，双方在大棘交战，宋军大败。郑国俘虏了华元，得到了乐吕的尸首，缴获战车四百六十辆，俘虏二百五十人，并割了被打死的敌人的耳朵一百只。

宋大夫狂狡迎战一个郑国人，郑国人跳到井中躲避。他把戟柄探到井里把那人拉出来，结果那人出来后反而把他抓获。君子说：『背弃作战的规律，违反杀敌的命令，狂狡被俘是理所应当的。双方交战，要发扬果敢刚毅的精神，并听从命令服从指挥，这就是作战的礼。能杀死敌人就是果敢，使士兵做到果敢就是刚毅；反之，就会被杀。』

准备作战时，宋将华元下令杀羊犒劳士兵，却不给他的御者羊斟吃。等到作战时，羊斟说：『前天的羊由你做主，今天的战斗则由我做主！』羊斟驾车驰入郑国军队中，因此宋国战败。君子认为羊斟『简直不是人，因为一点点私人怨恨，竟然使国家战败百姓遭殃，没有比这更大的罪行了。《诗经》所说的「人没有好的」，大概说的就是羊斟吧！他居然以残害百姓来发泄自己的私愤』。

宋国人用一百辆兵车和四百匹毛色漂亮的马向郑国赎取华元。才送去一半，华元就逃回来了。他站在都城门外，向守门人说明身份后就进城了。他见到羊斟后说：『那天是你的马不听指挥才闯入敌阵的吧？』羊斟说：『与马无关，是人的缘故。』说完就逃到鲁国去了。

宋国开始筑城，由华元主持。他巡视工程进展情况时，听到筑城的人唱道：『瞪着大眼睛，挺着大肚子，丢盔弃甲跑回来。满脸长着大胡子，丢盔弃甲跑回来。』华元听了，派他的骖乘告诉筑城的人们：『有牛就有皮，犀牛兕牛多的是，丢盔弃甲又有什么关系？』筑城的人又说：『纵然有牛皮，又到哪里找丹漆？』华元恼怒地说：『让他们滚开！他们人多口众，我们人少，说不过他们！』

秦军攻打晋国，为的是报去年崇地一战之仇，包围了晋国的焦地。夏季，晋国赵盾援救焦地，并从阴地会合诸侯的军队入侵郑国，以报大棘一战之仇。

楚国的斗椒救援郑国，他说：『想要得到诸侯的拥护，能对他们的祸难置之不理吗？』随后驻扎在郑国，以等待晋军。赵盾说：『斗椒的家族在楚国一直很强盛，不过从此可能就要走向灭亡了。姑且加速他的灭亡吧。』就率军离开了郑国。

晋灵公丧失了为君之道，横征暴敛，用以装潢宫室，经常从台上用弹弓打人以看他们躲避从中取乐。厨师没有把熊掌煮熟，就把他杀了放在畚箕中，让宫中女子抬着从朝廷上走过。赵盾、士会看到了一只手，便询问是怎么回事，得知后非常担心，准备进谏。士会说：『如果我们一同进谏，而国君仍然不采纳的话，就没有人继续进谏了。请让我先进去，国君不听，你再继续劝谏。』士会边进边行礼，一连行礼三次，走到屋檐下，灵公才正眼看他，并说：『我知道自己所犯的错误了，准备今后改正。』士会叩头回答说：『一个人谁没有犯过错误呢？错了只要能改，那就再好不过了。《诗经》说：「一般人悔过自新，往往有始无终。」如果是这样的话，那么能改正错误的人就少了。国君能够坚持下去的话，国家就有保障了，这不只是是我们群臣的希望。《诗经》又说：「国君有了过失，仲山甫能够弥补。」这是说过错是能够弥补的。国君如能弥补过失，国君的职责就不至于废弃了。』

晋灵公还是没有改正过错。赵盾屡次劝谏，灵公很厌恶，便派鉏麑去刺杀他。鉏麑早晨去时，赵盾家的门已经开了，赵盾已穿戴整齐准备上朝。由于时间还早，他就坐在那里打盹。鉏麑见此情景，退了出来，感叹地说：『如此恭敬勤奋之人，是百姓的主人。杀了百姓的主人，就是不忠；违背国君的命令，就是不信。只要具备了其中的一条，就不如死了的好。』于是撞到槐树上死去。

秋季九月，晋灵公设酒宴招待赵盾，埋伏了甲士，准备杀死他。赵盾的车右提弥明有所察觉，便快步进入殿堂说：『臣子侍奉君主饮宴，酒过三杯就算失礼了。』说完就扶着赵盾走出宫殿。灵公唆使一只猛狗扑向赵盾，提弥明与狗搏斗并将狗打死。赵盾说：『不用人却用狗，狗虽然凶猛，又有什么用呢？』二人边斗边退出来，结果提弥明死去。

当初，赵盾在首山打猎，曾住在翳桑，看到灵辄饿得很厉害时，问他有什么病。灵辄说：『已经有三天没有吃饭了。』赵盾便送给他食物吃。灵辄把食物留起来一半，问他原因，他说：『我在外做了三年奴仆，不知道母亲是否健在。现在快到家了，请允许我把这一半留给她。』赵盾让灵辄把食物都吃完，又为他准备了一篮饭和肉，放在口袋里让他带回去。不久灵辄进宫做了晋灵公的甲士，在这次事件中，灵辄调转兵器抵抗灵公手下的人，使赵盾免于祸难。赵盾问他为什么要保护自己，他说：『我就是翳桑那个挨饿的人。』问他的姓名和住址，他没有回答就退了下去。不久灵辄也逃亡了。

九月二十六日，赵穿在桃园杀死了晋灵公。此时赵盾逃亡还没有走出国境，听到这一消息后，就又回来了。晋国太史董狐记载为『赵盾弑其君』，并拿到朝廷上让众人看。赵盾反驳说：『不是这样的。』董狐回答说：『你是正卿，逃亡却没有走出国境，回来后又不惩罚杀死国君的凶手，凶手不是你又是谁呢？』赵盾说：『天啊！《诗经》说：「因为我眷恋祖国，反而给自己带来灾祸。」大概说的就是我吧！』孔子对此评论说：『董狐是古代的一位优秀史官，他不隐讳赵盾的罪责而秉笔直书。赵盾是古代的一位优秀大夫，他因为史官书写的方法而不得不蒙受了弑君的恶名，真是太可惜了。如果当时他走出国境，就可以避免这一罪名了。』

赵盾派赵穿从王室迎接公子黑臀回来，立为国君。十月三日，在晋武公的庙中朝祭。

当初，骊姬制造祸乱时，曾在宗庙内诅咒，不许收容诸公子，从此晋国就废除了公族一职。等晋成公即位，就把这一官职授给了卿的嫡子，并分给他们田地，让他们作为公族大夫；还把官职授给卿的其他儿子，让他们担任馀子之职，让他们的庶子担任公行之职。晋国从此恢复了公族、馀子、公行三种官职。

赵盾请求让赵括担任公族，说：『他是君姬氏的爱子。如果没有君姬氏，臣下就是狄人了。』成公答应了。冬季，赵盾成为掌管旄车的馀子，让赵括作为公族大夫统率他的旧族。

宣公三年

传 三年春，不郊而望①，皆非礼也。望，郊之属也。不郊亦无望，可也。

晋侯伐郑，及郔②，郑及晋平，士会入盟。

楚子伐陆浑之戎③，遂至于雒④，观兵于周疆⑤。定王使王孙满劳楚子。楚子问鼎之大小轻重焉⑥。对曰：『在德不在鼎。昔夏之方有德也⑦，远方图物⑧，贡金九牧⑨，铸鼎象物⑩，百物而为之备，使民知神、奸。故民入川泽山林，不逢不若⑪。螭魅罔两⑫，莫能逢之，用能协于上下，以承天休⑬。桀有昏德，鼎迁于商，载祀六百⑭。商纣暴虐，鼎迁于周。德之休明⑮，虽小，重也。其奸回昏乱，虽大，轻也。天祚明德⑯，有所底止⑰。成王定鼎于郏鄏⑱，卜世三十⑲，卜年七百⑳，天所命也。周德虽衰，天命未改，鼎之轻重，未可问也。』

夏，楚人侵郑，郑即晋故也。

宋文公即位三年，杀母弟须及昭公子，武氏之谋也。使戴、桓之族攻武氏于司马子伯之馆。尽逐武、穆之族。武、穆之族以曹师伐宋。秋，宋师围曹，报武氏之乱也。

冬，郑穆公卒。

初，郑文公有贱妾曰燕姞，梦天使与己兰，曰：『余为伯儵。余，而祖也，以是为而子。以兰有国香，人服媚之如是㉑。』既而文公见之，与之兰而御之㉒。辞曰：『妾不才，幸而有子，将不信㉓，敢征兰乎㉔？』公曰：『诺。』生穆公，名之曰兰。

文公报郑子之妃㉕，曰陈妫，生子华、子臧。子臧得罪而出。诱子华而杀之南里㉖，使盗杀子臧于陈、宋之间。又娶于江，生公子士。朝于楚，楚人鸩之，及叶而死㉗。又娶于苏㉘，生子瑕、子俞弥。俞弥早卒。泄驾恶瑕，文公亦恶之，故不立也。公逐群公子，公子兰奔晋，从晋文公伐郑。石癸曰㉙：『吾闻姬、姞耦㉚，其子孙必蕃。姞，吉人也，后稷之元妃也⑰。今公子兰，姞甥也。天或启之，必将为君，其后必蕃，先纳之可以亢宠㉜。』与孔将钼、侯宣多纳之，盟于大宫而立之，以与晋平。

穆公有疾，曰：『兰死，吾其死乎？吾所以生也。』刈兰而卒㉝。

【注释】

①郊、望：均为祭礼，前注。②郲：郑国北方边境地名，即今河南省延津县。③陆浑之戎：少数民族部落名，在今河南省嵩县及伊川县境。④雒：即洛水。⑤观兵：陈兵示威。周疆：周王室境界内。⑥鼎：周人以鼎为王权的象征。楚王问鼎，有取代周王的意图。⑦方：正当。⑧图物：描绘各种事物。图，用作动词。⑨贡金九牧：为九牧贡金的倒装句。贡金，进贡青铜。九牧，九州之长。牧，即地方长官。⑩铸鼎象物：铸造九鼎，并将所画事物铸在鼎上。⑪不若：不顺，即不利于自己的事物。⑫罔两：木石的怪物。⑬用：因。协：和谐。天休：上天的福佑。⑭载祀：即年。古人或称载，或称祀，或称年，或称岁。⑮休明：美好光明。⑯祚：福。⑰底止：固定。⑱郏鄏：周地，即今河南洛阳市。⑲卜世三十：占卜结果将传三十代。⑳卜年七百：占卜预测将享国七百年。㉑服媚：佩而爱之。㉒御：妃妾侍寝称御。㉓将：假若。㉔征兰：以兰为信物。㉕报：淫乱。郑子：即子仪，郑文公的叔父。㉖南里：郑地，在今河南省新郑市南。㉗叶：楚地，在今河南省叶县南。㉘苏：即温。㉙石癸：即石甲父。㉚姬、姞耦：姬、姞二姓宜于婚配。㉛后稷：周的先祖，其正妻为姞姓。㉜亢宠：保持宠幸不衰。㉝刈：割。

【译文】

三年春季，宣公没有举行郊祭却举行了望祭，这是不合礼的。望祭是郊祭的一种，不举行郊祭，也就可以不举行望祭了。

晋成公攻打郑国，行至郑国郲地，郑国和晋国讲和，士会到郑都结盟。

楚庄王攻打陆浑戎人，军队行至洛水，在王室境内陈兵示威，周定王派王孙满前去慰劳庄王。庄王问起九鼎的大小和轻重，王孙满回答说：『一个人能否得到天下，在于德而不在鼎。从前夏朝实行德政的时候，远方各国把当地的风物绘制成图，九州的长官把青铜贡献出来。夏王铸造了九座鼎，鼎上铸出了各种风物，万物都被铸在上面，使百姓能从中认识各种鬼神妖怪的形状。因此百姓进入川泽、山林，不会遇到不顺利的事情，即使各种鬼怪妖魔也不会碰到。因此上下一心，都能承受上天的恩赐。夏桀昏庸无道，九鼎被商朝夺去，保存了六百年。商纣又暴虐无道，九鼎又落入周朝。如果德政美好，鼎虽然很小，也是很重的；如果昏庸暴乱，即使鼎再大，也是轻的。上天保佑有德行的君主，也是有一定限度的。成王把九鼎安置在郏鄏时，曾经占卜过周朝可以拥有多少年，结果是可以传世三十代，历经七百年，这是上天的旨意。如今周朝的德行虽然已渐趋衰微，但是天意还没有改变，九鼎的轻重大小，您就不必过问了。』

夏季，楚国人攻打郑国，因为郑国又亲近了晋国。

宋文公即位第三年，杀了同母弟弟公子须和昭公的儿子，因为武氏策划他们发动了叛乱。文公让戴公、桓公的族人到司马子伯的旅馆里攻打武氏，又把武公和穆公的族人全部赶出了宋国。武公、穆公的族人领着曹国军队攻打宋国。秋季，为了报复武氏的叛乱，宋军包围了曹国。

冬季，郑穆公去世。

当初，郑文公有个贱妾名叫燕姞，曾做梦见到天使送给她一把兰草，并说：『我是伯儵，是你的祖先，你可把这兰草作为你的儿子。由于兰草是全国第一香草，你带上它，人们就会因它而喜爱你。』后来文公见到燕姞，就送给她一把兰草，并让她侍奉自己。燕姞对文公说：『贱妾出身卑微，如果这次侥幸怀了孩子，别人也不会相信，您能否以兰草作为信物呢？』文公说：『可以。』燕姞生下穆公后，就取名为『兰』。

文公奸污了叔父子仪的妃子陈妫，生下子华、子臧二人。子臧因犯罪而逃出郑国。文公在南里设计诱杀了子华，并派凶手在陈、宋两国交界处杀了子臧。文公从江国娶了妻，生下公子士。公子士到楚国朝见，楚国人让他喝了毒酒，他走到叶地便死了。文公又从苏国娶了妻，生下子瑕、子俞弥。俞弥死得早。泄驾厌恶子瑕，文公也讨厌他，因此没有立他为太子。文公把公子们都赶出了郑国，公子兰逃亡到了晋国，曾跟随晋文公攻打郑国。石癸说：『我听说：如果姬、姞两姓结为婚姻，其子孙必然繁荣昌盛。因为姞姓吉祥，后稷的第一个妻子就是姞姓。如今公子兰是姞姓的外甥，上天或许要帮助他，他一定会成为国君，其后代也必然兴隆昌盛，如果先把他接回来立为国君，可以永远得到他的保护。』于是石癸就和孔将钽、侯宣多把公子兰接回去，在宗庙中结盟后立为国君。并以此和晋国讲和。

郑穆公生了病，他说：『如果兰草死了，我也就要死了！我是靠兰草而生存的。』兰草被割掉时，穆公也就去世了。

宣公四年

传　四年春，公及齐侯平莒及郯，莒人不肯。公伐莒，取向，非礼也。平国以礼，不以乱①。伐而不治，乱也。以乱平乱，何治之有？无治，何以行礼？

楚人献鼋于郑灵公[2]。公子宋与子家将见[3]。子公之食指动，以示子家，曰：『他日我如此，必尝异味。』及入，宰夫将解鼋，相视而笑。公问之，子家以告。及食大夫鼋[4]，召子公而弗与也。子公怒，染指于鼎[5]，尝之而出。公怒，欲杀子公。子公与子家谋先[6]。子家曰：『畜老，犹惮杀之，而况君乎？』反谮子家，子家惧而从之。夏，弑灵公。

书曰：『郑公子归生弑其君夷。』权不足也。君子曰：『仁而不武，无能达也[7]。』凡弑君，称君，君无道也；称臣，臣之罪也。

郑人立子良[8]，辞曰：『以贤则去疾不足，以顺则公子坚长[9]。』乃立襄公[10]。

襄公将去穆氏[11]，而舍子良[12]。子良不可，曰：『穆氏宜存，则固愿也[13]。若将亡之[14]，则亦皆亡，去疾何为[15]？』乃舍之，皆为大夫。

初，楚司马子良生子越椒[16]。子文曰：『必杀之。是子也，熊虎之状，而豺狼之声，弗杀，必灭若敖氏矣。谚曰：「狼子野心。」是乃狼也，其可畜乎？』子良不可。子文以为大戚[17]，及将死，聚其族，曰：『椒也知政[18]，乃速行矣，无及于难。』且泣曰：『鬼犹求食，若敖氏之鬼[19]，不其馁而？』

及令尹子文卒，斗般为令尹[20]，子越为司马。蒍贾为工正[21]，谮子扬而杀之[22]，子越为令尹，己为司马。子越又恶之，乃以若敖氏之族圄伯嬴于轑阳而杀之[23]，遂处烝野[24]，将攻王。王以三王之子为质焉[25]，弗受，师于漳澨[26]。秋七月戊戌[27]，楚子与若敖氏战于皋浒[28]。伯棼射王[29]，汰辀[30]，及鼓跗[31]，著于丁宁[32]。又射，汰辀，以贯笠毂[33]。师惧，退。王使巡师曰[34]：『吾先君文王克息[35]，获三矢焉。伯棼窃其二，尽于是矣。』鼓而进之，遂灭若敖氏。

初，若敖娶于䢵[36]，生斗伯比。若敖卒，从其母畜于䢵，淫于䢵子之女[37]，生子文焉。䢵夫人使弃诸梦中[38]，虎乳之[39]。邧子田，见之，惧而归，夫人以告，遂使收之。楚人谓乳榖[40]，谓虎於菟，故命之曰斗榖於菟。以其女妻伯比，实为令尹子文。

其孙箴尹克黄使于齐[41]，还，及宋，闻乱。其人曰：『不可以入矣。』箴尹曰：『弃君之命，独谁受之[42]？君，天也，天可逃乎？』遂归，复命，而自拘于司败[43]。王思子文之治楚国也，曰：『子文无后，何以劝善？』使复其所[44]，改命曰生。

冬，楚子伐郑，郑未服也。

【注释】

①乱：指用兵。②鼋：大鳖。③公子宋：郑国宗室，即子公。子家：即公子归生。④食大夫鼋：将鼋赐给大夫们吃。⑤染指于鼎：将手指蘸在鼎里。⑥谋先：预谋先下手。⑦无能达：即行不通。达，通。⑧子良：即公子去疾，郑穆公庶子。⑨顺：指长幼顺序。⑩襄公：即公子坚，公子去疾之兄。⑪去：逐。穆氏：郑穆公的儿子们，襄公的兄弟。⑫舍：赦免。⑬固愿：本来的愿望。⑭亡：逃亡。⑮何为：即为何单独留下。⑯司马子良：斗伯比之子，令尹子文之弟；司马为其官名。子越椒：即斗椒。⑰大戚：很大的心事。戚，忧。⑱知政：执掌政事。⑲若敖氏之鬼：若敖氏家族的祖先。⑳斗般：令尹子文之子。㉑工正：官名。㉒子扬：即斗般。㉓圄：囚禁。伯嬴：即苈贾。轑阳：楚邑名。㉔烝野：楚邑名，在今河南省新野县。㉕三王之子：指楚文王、成王、穆王的子孙。㉖漳澨：地名，在今湖北省荆门市西，漳水东岸。㉗戊戌：初九日。㉘皋浒：楚地名，在今湖北省襄阳区西。㉙伯棼：斗椒字。㉚汰辀：箭矢强有力，飞过车辕。辀，车辕。㉛及鼓跗：穿过鼓架。㉜著于丁宁：射在铜钲上。丁宁，即铜钲，军中用作号令的乐器，似铃而不同。㉝贯：射穿。笠毂：支撑车盖的圆木。㉞巡师：巡视军队。㉟克息：战胜息国。事见庄公十四年传。㊱邧：即郧，国名。见桓公十一年传。

㊲邧子：邧国君王。㊳梦：即楚国云梦泽。㊴虎乳之：老虎给他喂奶。㊵谓乳穀：称乳为『穀』。㊶箴尹：楚官名。㊷独：语气副词，无义，常用于疑问句。㊸司败：楚执法官名。㊹复其所：复任箴尹的官职。

【译文】

四年春季，宣公和齐惠公让莒国和郯国讲和，莒国不肯。宣公便攻打莒国，夺取了向地，这是不合礼的。调停两国之间的关系，应依礼而不应使用武力，兴兵讨伐就会失去安定，这就是动乱。以动乱平定动乱，还有什么安定？没有了安定，又靠什么去推行礼呢？

楚国人献给郑灵公一只鳖。当时公子宋和子家正准备进宫求见。公子宋的食指忽然动弹起来，他让子家看，并且说：『以往遇到这种情况时，一定能够品尝到美味佳肴。』二人进去后看到厨师正在用刀切鳖，便相视而笑。灵公问他们为什么发笑，子家告诉了他。等到让大夫们吃鳖的时候，灵公偏不让公子宋吃。公子宋非常愤怒，把手指伸到鼎里蘸了蘸，尝了尝味道便出去了。灵公也很恼火，要杀公子宋。公子宋便和子家密谋先下手为强。子家说：『对很老的家畜，人们尚且不忍心杀掉他，何况是国君呢？』公子宋反过来便在灵公面前诬陷子家，子家因害怕而被迫同意跟着他干。于是就在夏季，二人杀了灵公。

《春秋》中记载为：『郑公子归生弑其君夷。』这是由于子家权小位低，才承担了这一罪名。君子认为：『一个人只讲究仁爱而没有勇气，也是行不通的。』凡国君被害，如果只写国君的名字，说明是国君无道；只写臣子的名字，说明是臣子的罪过。

郑国人立子良为君，他推辞道：『若论贤能，我是不够的；若论长幼顺序，公子坚比我年长。』于是便立了公子坚，即襄公。

襄公准备把兄弟们都清除掉，只留下公子良一人。子良不同意，他说：『作为穆公的后代，都应该留下来，这才是我本来的愿望。如果逼迫他们逃亡，就干脆都逃亡好了，单独留下我有什么用呢？』襄公便把公子们都留下，都让他们做了大夫。

当初，楚国的司马子良生了子越椒。子文说：『一定要把他杀掉，这个孩子的长相犹如熊虎一般，发出的声音就像豺狼一样；如果不杀掉，他一定会使若敖氏灭亡。俗话说：「豺狼的孩子必定有野心。」这孩子就是一条狼，还能养着他吗？』子良不同意。子文认为是个大隐患，临死时，他把族人召集起来说：『一旦越椒掌握了政权，你们就尽快逃走，以免遭到灾难。』又哭着说：『鬼神也还要求取食物，若敖氏的鬼神今后是要挨饿的呀！』

等令尹子文去世，斗般做了令尹，越椒则做了司马，𫇭贾担任工正。𫇭贾诬陷斗般，把斗般杀了，越椒任令尹，𫇭贾任司马。这时越椒又开始讨厌𫇭贾，就带领若敖氏的族人把𫇭贾囚禁在轑阳，杀了他。随后越椒住在烝野，准备攻打楚庄王。庄王准备把楚文王、楚成王、楚穆王的儿子送给越椒做人质，越椒不接受，庄王便在漳水之滨陈兵以待。秋季七月九日，庄王和若敖氏在皋浒一带作战。越椒用箭射庄王，用力过大，加上箭头锋利，箭头穿过车辕和鼓架，射到了铜钲上；又射一箭，箭头穿过车辕，又射穿了车盖。楚军害怕了，纷纷后退。庄王便派人在军队中巡视说：『我们的先君文王攻克息国时曾获得三支箭，后被越椒偷去两支。这两支箭现在已经被他用完了。』随后击鼓前进，灭亡了若敖氏。

当初，若敖从郧国娶妻后生了斗伯比。若敖去世后，斗伯比跟着母亲在郧国生活，和郧子的女儿私通，生了子文。郧夫人派人把子文扔到了云梦泽中，老虎喂他奶吃。郧子打猎时看到了这情景，吓得跑回来。夫人告诉了他内情，郧子就让人抚养了子文。楚国人把『奶』称作『縠』，把老虎称作『於菟』，因此就给子文起名为『斗縠於菟』。郧子还把女儿嫁给了斗伯比。这个斗縠於菟就是令尹子文。

子文的孙子是箴尹克黄。他出使齐国，返回途中经过宋国时，听到了越椒作乱的消息。随从说：『不要回国了。』克黄说：『背弃国君的命令，还有谁肯接纳我呢？国君就等于天，天命能逃脱吗？』然后回到楚国复命，并让人把自己捆绑起来送给司败请求处置。庄王考虑到子文治理楚国的功绩，说：『像子文这样的人没有后代，又怎能劝人行善呢？』就使克黄仍任原职，并给他改名为『生』。

冬季，庄王攻打郑国，因为郑国还没有顺服。

成公

成公元年

传　元年春，晋侯使瑕嘉平戎于王①，单襄公如晋拜成②。刘康公徼戎③，将遂伐之。叔服曰④：『背盟而欺大国⑤，此必败。背盟不详，欺大国不义，神人弗助，将何以胜？』不听，遂伐茅戎。三月癸未⑥，败绩于徐吾氏⑦。

为齐难故，作丘甲⑧。

闻齐将出楚师⑨，夏，盟于赤棘⑩。

秋，王人来告败。

冬，臧宣叔令修赋、缮完、具守备⑪，曰：『齐、楚结好，我新与晋盟，晋、楚争盟，齐师必至。虽晋人伐齐，楚必救之，是齐、楚同我也⑫。知难而有备，乃可以逞⑬。』

【注释】

①瑕嘉：即詹嘉。②单襄公：即单朝，周卿士。③徼戎：对戎心存侥幸。④叔服：周王内史。⑤大国：指晋国。⑥癸未：十九日。⑦徐吾氏：茅戎部落名，即交战处。⑧作丘甲：实行丘甲制度，即每丘出一定数量的军赋，丘中人各按所耕田数分摊。丘，地方基层组织名称。⑨出楚师：率同楚师。⑩赤棘：晋地名，不详何处。⑪修赋：治理军赋，即实施『丘甲』制。缮完：修治城郭。具守备：准备好防御设施。⑫齐、楚同我：意即齐、楚两国共同以我为敌。⑬逞：解开，缓解。

【译文】

元年春季，晋景公派瑕嘉到周王室调停王室和戎人的冲突，事后单襄公到晋国对调停成功表示感谢。刘康公想趁机侥幸攻打戎人，叔服说：『这样做既背弃了与戎人的盟约，又欺骗了前来调停的晋国，必然失败。背弃盟约是不吉祥，欺骗晋国是不义，神和人都不会帮助你，又靠什么打胜仗呢？』刘康公不听，发兵攻打茅戎。三月十九日，在徐吾氏被打得大败。

鲁国为了预防齐国入侵，进行了军赋改革，建立了丘甲制度。

鲁国听说齐国准备联合楚军前来进攻，便在夏季由臧孙许和晋景公在赤棘结盟。

秋季，周天子派人来通报王室军队被茅戎打败的消息。

冬季，臧宣叔下令整顿军赋，修治城郭，完成战略防御工作。他说：『齐、楚两国结为友好，我国最近与晋国结盟。晋、楚两国争夺霸主地位，齐国军队也必然前来。虽说晋国攻打齐国，但楚国必然救援它，这实际上是齐、楚两国联合进攻我国。充分估计到可能遇到的困难，并且有足够的准备，才可以使祸难得以缓解。』

成公三年

传　三年春，诸侯伐郑，次于伯牛①，讨邲之役也，遂东侵郑。郑公子偃帅师御之，使东鄙覆诸鄤②，败诸丘舆③。皇戌如楚献捷。

夏，公如晋，拜汶阳之田④。

许恃楚而不事郑，郑子良伐许。

晋人归楚公子谷臣与连尹襄老之尸于楚，以求知罃。于是荀首佐中军矣，故楚人许之。王送知罃，曰：『子其怨我乎？』对曰：『二国治戎⑤，臣不才，不胜其任，以为俘馘。执事不以衅鼓，使归即戮，君之惠也。臣实不才，又谁敢怨？』王曰：『然则德我乎？』对曰：『二国图其社稷，而求纾其民，各惩其忿以相有也[7]，两释累囚以成其好。二国有好，臣不与及，其谁敢德？』王曰：『子归，何以报我？』对曰：『臣不任受怨，君亦不任受德，无怨无德，不知所报。』王曰：『虽然，必告不穀。』对曰：『以君之灵，累臣得归骨于晋，寡君之以为戮，死且不朽。若从君之惠而免之，以赐君之外臣首[8]；首其请于寡君而以戮于宗[9]，亦死且不朽。若不获命，而使嗣宗职[10]，次及于事[11]，而帅偏师以修封疆，虽遇执事，其弗敢违。其竭力致死，无有二心，以尽臣礼，所以报也。』王曰：『晋未可与争。』重为之礼而归之。

秋，叔孙侨如围棘[12]，取汶阳之田。棘不服，故围之。

晋郤克、卫孙良夫伐廧咎如[13]，讨赤狄之余焉。廧咎如溃，上失民也。

冬十一月，晋侯使荀庚来聘，且寻盟。卫侯使孙良夫来聘，且寻盟。公问诸臧宣叔曰：『中行伯之于晋也[14]，其位在三[15]。孙子之于卫也，位为上卿，将谁先？』对曰：『次国之上卿当大国之中，中当其下，下当其上大夫。小国之上卿当大国之下卿，中当其上大夫，下当其下大夫。上下如是，古之制也。卫在晋，不得为次国。晋为盟主，其将先之。』丙午[16]，盟晋，丁未[17]，盟卫，礼也。

十二年甲戌[18]，晋作六军。韩厥、赵括、巩朔、韩穿、荀骓、赵旃皆为卿，赏鞌之功也。

齐侯朝于晋，将授玉。郤克趋进曰：『此行也，君为妇人之笑辱也，寡君未之敢任。』

晋侯享齐侯。齐侯视韩厥，韩厥曰：『君知厥也乎[19]？』齐侯曰：『服改矣。』韩厥登，举爵曰：『臣之不敢爱死，为两君之在此堂也。』

荀罃之在楚也⑳，郑贾人有将置诸褚中以出㉑。既谋之，未行，而楚人归之。贾人如晋，荀罃善视之㉒，如实出己㉓。贾人曰：『吾无其功，敢有其实乎？吾小人，不可以厚诬君子㉔。』遂适齐。

【注释】

①伯牛：郑国西部地名。②鄤：郑国东部地名。③丘舆：地名，当在郑国东部。④拜：拜谢。⑤治戎：交战。⑥德：用作动词，感激。⑦惩其忿：戒怒。相宥：互相原谅。⑧外臣：当时卿大夫对外国国君自称为外臣。首：荀首，知罃之父。⑨宗：宗庙。⑩嗣宗职：继承宗子之职。⑪次及于事：按次序承担政事。⑫棘：地名，在今山东省肥城市南。一说在泰安县西南。⑬廧咎如：赤狄部落名。⑭中行伯：即荀庚。⑮其位在三：当时晋以郤克为中军帅，位第一；荀首为中军佐，位第二；荀庚为上军帅，位第三，当为下卿。⑯丙午：十一月二十八日。⑰丁未：二十九日。⑱甲戌：二十六日。⑲知：认识。⑳荀罃：即知罃。㉑褚：盛衣物的口袋。㉒善视：善待。㉓如实出己：好像真的把自己救出来一样。㉔厚诬：大加欺骗。

【译文】

三年春季，诸侯联军攻打郑国，军队驻扎在伯牛，这是为了报复郑国在鲁宣公十二年邲之战中对晋国的不忠。随后东下入侵郑国。郑国的公子偃率军抵抗，并派部队在东部鄤地设下伏兵，在丘舆一地击败了联军。郑大夫皇戌前往楚国进献战利品。

夏季，成公前往晋国，就晋国让齐国归还汶阳的田地一事答谢。

许国依仗楚国的支持而不侍奉郑国，郑国的子良发兵攻打许国。

晋国人把楚国的公子谷臣和连尹襄老的尸体归还楚国，以此求得赎回知罃。此时知罃的父亲荀首已出任晋国中军副帅，因此楚国人接受了这一要求。楚共王送知罃回国时说：『你怨恨我吗？』知罃回答说：『两国交战，我没有才能，未能胜任自己的职务，结果成了俘虏。国君没有把我杀掉，使我能回国受刑，这是您对我的恩惠。我实在是无能之辈，又敢怨恨谁呢？』共王又说：『那么你感激我吗？』知罃回答说：『两国交兵，都是为了谋求本国的利益，消除百姓的苦难。现在两国都克制住自己的愤怒，互相达成谅解，双方释放战俘，以重修友好关系。两国友好，和我个人并没有什么关系，我为什么要感激谁呢？』共王说：『你回到晋国，将来怎么报答我呢？』知罃回答说：『我既不怨恨您，也不感激您，我们之间没有怨恨，也没有恩德，我不知道应该报答什么？』共王说：『即使如此，也一定要把你的想法告诉我。』知罃回答说：『托国君的洪福，使我这把骨头得以回到晋国，即使寡君将我杀掉，我也认为死而不朽。如果承蒙您的恩惠，寡君免我一死，而把我交给父亲处置，即使我父亲征得寡君同意在宗庙内将我杀死，我也认为死而不朽；如果寡君不同意将我处死，并且又让我继承宗族世袭的官位，并依照规定的次序参与政事，率领一部分军队保卫边境，到那时，即使遇到您，我也不敢违背命令。我将竭尽全力作战，即使战死，也不敢有二心，以此来尽到我作为臣子的责任。这就是我对您的报答。』共王感叹说：『看来不能和晋国争衡啊。』于是，便为知罃举行了隆重的仪式，送他回国。

秋季，鲁国的叔孙侨如围攻棘地，占领了汶阳的田地。这是因为棘地人不肯顺服，所以才围攻他们。

晋国的郤克和卫国的孙良夫联合攻打廧咎如，以进一步消灭赤狄的残余势力。结果廧咎如溃败，这是因为他们的首领失去了百姓的拥护。

冬季十一月，晋景公派荀庚来鲁国聘问，同时也是为了重温旧盟。卫国也派孙良夫来鲁国聘问，也是来重温旧盟的。成公问臧宣叔：『荀庚在晋国是下卿，孙良夫在卫国是上卿，应该先让谁行礼呢？』臧宣叔回答说：『次国的上卿相当于大国的中卿，中卿相当于它的下卿，下卿相当于它的上大夫。小国的上卿只能相当于大国的下卿，中卿相当于它的上大夫，下卿相当于它的下大夫。上下职位如此，是自古以来的制度。现在卫国和晋国相比，连次国也够不上，只能算是小国；而且晋国为诸侯盟主，应该先让晋国在前面行礼。』二十八日，和晋国结盟。二十九日，和卫国结盟。这是合于礼的。

十二月二十六日，晋国将军队扩充为六个军。韩厥、赵括、巩朔、韩穿、荀骓、赵旃都晋升为卿，这是奖赏他们在鞌地之战中的功劳。

齐顷公到晋国朝见，正要举行授玉仪式时，郤克快步上前说：『国君此次来访，是为了对上次贵国女人嘲笑小臣一事表示道歉的吧，寡君可担当不起。』

晋景公设宴款待齐顷公。席间齐顷公一直盯着韩厥看，韩厥说：『国君您认识我吗？』齐顷公说：『服装不一样了。』韩厥登上台阶举起酒杯说：『当初我之所以冒死追赶国君，就是为了两国国君今天能在这里举杯欢宴啊。』

知罃在楚国时，有个郑国的商人准备把他藏到装东西的大口袋里，帮助他逃出去。两人已经商量好了，但还没有行动，楚国人就准备把知罃送回晋国了。后来这个商人到晋国时，知罃对他热情招待，就像他真的把自己救出来了一样。商人说：『知罃回国，我并没有功劳，怎么好意思接受他的款待呢。我是个小人，不能这样来欺骗一个君子。』于是就到齐国去了。

成公四年

传 四年春，宋华元来聘，通嗣君也①。

杞伯来朝，归叔姬故也②。

夏，公如晋，晋侯见公，不敬。季文子曰：『晋侯必不免。《诗》曰：「敬之敬之！天惟显思，命不易哉③！」夫晋侯之命在诸侯矣，可不敬乎？』

秋，公至自晋，欲求成于楚而叛晋。季文子曰：『不可。晋虽无道，未可叛也。国大臣睦，而迩于我，诸侯听焉，未可以贰。史佚之《志》有之④，曰：「非我族类⑤，其心必异。」楚虽大，非吾族也，其肯字我乎⑥？』公乃止。

冬十一月，郑公孙申帅师疆许田⑦，许人败诸展陂⑧。郑伯伐许，取鉏任、泠敦之田⑨。

晋栾书将中军，荀首佐之。士燮佐上军，以救许伐郑。取氾、祭⑩。

楚子反救郑，郑伯与许男讼焉。皇戌摄郑伯之辞⑪，子反不能决也。曰：『君若辱在寡君⑫，寡君与其二三臣，共听两君之所欲，成其可知也⑬。不然，侧不足以知二国之成⑭。』

晋赵婴通于赵庄姬⑮。

【注释】

①通嗣君：为继位的国君通好。②归叔姬：休弃叔姬。叔姬当为鲁公女，杞伯夫人。③敬之敬之三句：出自《诗经·周颂·敬之》篇。详见僖公二十二年传注。④史佚：见僖公十五年传注。⑤族类：指种族。⑥字：爱。⑦疆许田：在许国田地上划定疆界。疆，用作动词。⑧展陂：地名，在今河南省许昌市西北。⑨鉏任、泠敦：地名，在今河南省许昌县境内。⑩氾、祭：二地名。氾在今河南省荥阳市西北；祭在今郑州市东北。⑪摄：代。⑫辱在寡君：当时外交辞令，意欲使两君同去朝楚。⑬成：判明是非。⑭侧：子反名。⑮赵婴：即楼婴，又称赵婴齐。赵庄姬：赵朔之妻。赵婴与赵庄姬为夫叔与侄媳通奸。

【译文】

四年春季，宋国的华元前来聘问，为新即位的宋共公谋求和鲁国的友好。

杞伯前来鲁国朝见，因为他准备休弃叔姬。

夏季，成公前往晋国。晋景公会见成公时，不够礼貌。季文子说：『晋侯将来肯定难免灾祸。《诗经》说：「小心又谨慎！上天明察，天命不易常保不变！」晋侯的命运决定于诸侯的向背，他对诸侯怎么能不恭敬呢？』

秋季，成公从晋国回来，准备和楚国结好而背叛晋国。季文子说：『不行。晋国虽然无道，但也不能背叛。因为它是大国，加之群臣和睦团结，又靠近我国，诸侯都听从它的命令，不能够有二心。史佚在《志》书中有这样的话：「不是同一种族，必然不能同心同德。」楚国虽然幅员辽阔，但不是我们的同族，它能够喜欢我们吗？』于是成公改变了主意。

冬季十一月，郑国的公孙申领兵前去划定所取得的许国土地，在展陂被许国人打败。于是郑襄公兴师讨伐许国，夺取了鉏任、泠敦的田地。

晋国的栾书率领中军，荀首为副帅，士燮为上军副帅，发兵前去救援许国讨伐郑国，夺取了郑国的氾、祭二地。

楚国的子反领兵救援郑国，郑悼公和许灵公在子反面前互相指责，皇戌代表郑悼公发言。子反听了双方的申辩，也无法做出决断便，他说：『如果您二位能前去面见寡君，他和几个大臣听取了你们各自的要求，才能做出明断。否则，我是无法分清你们谁是谁非的。』

晋国赵盾的弟弟赵婴和赵庄姬通奸。

成公五年

传　五年春，原、屏放诸齐[1]。婴曰：『我在，故栾氏不作[2]。我亡，吾二昆其忧哉[3]！且人各有能有不能，舍我何害[4]？』弗听。

婴梦天使谓己：『祭余，余福女[5]。』使问诸士贞伯[6]，贞伯曰：『不识也。』既而告其人曰[7]：『神福仁而祸淫，淫而无罚，福也。祭，其得亡乎[8]？』祭之，之明日而亡。

孟献子如宋[9]，报华元也。

夏，晋荀首如齐逆女，故宣伯馈诸穀[10]。

梁山崩[11]，晋侯以传召伯宗[12]。伯宗辟重[13]，曰：『辟传[14]！』重人曰[15]：『待我，不如捷之速也。』问其所，曰：『绛人也。』问绛事焉，曰：『梁山崩，将召伯宗谋之。』问：『将若之何？』曰：『山有朽壤而崩，可若何？国主山川[16]，故山崩川竭，君为之不举[17]，降服[18]，乘缦[19]，彻乐，出次[20]，祝币[21]，史辞以礼焉[22]。其如此而已，虽伯宗若之何？』伯宗请见之[23]，不可。遂以告，而从之。

许灵公愬郑伯于楚[24]。六月，郑悼公如楚，讼，不胜，楚人执皇戌及子国[25]。故郑伯归，使公子偃请成于晋。秋八月，郑伯及晋赵同盟于垂棘[26]。

宋公子围龟为质于楚而还[27]，华元享之。请鼓噪以出，鼓噪以复入，曰：『习攻华氏[28]。』宋公杀之。

冬，同盟于虫牢[29]，郑服也。

诸侯谋复会，宋公使向为人辞以子灵之难[30]。

十一月己酉[31]，定王崩。

【注释】

①原、屏：原即赵同，屏即赵括，二人为赵婴之兄。放诸齐：指将赵婴放逐到齐国。②栾氏：指栾书等人。不作：不敢作乱。③昆：兄。④舍：赦免。⑤福：这里用作动词。⑥士贞伯：即士贞子、士渥浊。⑦其人：指赵婴所派遣的人。⑧其得亡乎：难道能无祸吗？亡，通『无』。⑨孟献子：即仲孙蔑。⑩宣伯：即叔孙侨如。馈：馈送食物。⑪梁山：梁山有数处，此梁山当在今陕县韩城市，距黄河不远处。⑫传：传车。伯宗：晋大夫。⑬辟重：令重车让路。⑭辟传：

令人躲开传车。⑮重人：押送重车的人。⑯主山川：以山川为主。⑰不举：即食不杀牲、菜肴不丰盛、不用音乐助食。⑱降服：不着华丽衣服。⑲乘缦：乘坐无彩饰的车子。一说王乘卿车，自我贬责。⑳出次：离开寝宫，出居他处。㉑祝币：陈列献神的礼物。㉒史辞以礼：太史宣读祭文以礼祭神。㉓请见：请求引见给晋侯。㉔愬：同『诉』。㉕子国：郑穆公之子公子发。㉖垂棘：晋地名，在今山西潞城县北。㉗公子围龟：宋文公之子，字子灵。㉘习：演习。㉙虫牢：郑地名，在今河南省封丘县北。㉚向为人：人名，宋臣。㉛己酉：十二日。

【译文】

五年春季，赵同、赵括准备将赵婴驱逐到齐国。赵婴对他们说：『如果晋国有我在，栾氏等人就不敢作乱；如果把我赶走，你们两位兄长就将有忧患。再者说，一个人有优点，也有缺点，如果宽恕了我，对你们有什么坏处呢？』赵同和赵括不听。

赵婴在夜里梦见上天派使者告诉自己：『你如果祭祀我，我将降福于你。』赵婴派人请士贞伯解释，士贞伯说：『我也不知道这是什么意思。』停了一会儿又告诉那人：『神灵只能降福给仁爱之人、降祸于淫乱之人。淫乱而没有受到惩罚，就是有福气了。如果他祭祀神灵，或许能被放逐，并因此而逃脱一场灾祸。』赵婴祭祀了神灵，第二天就逃到了齐国。

鲁国的孟献子前往宋国，对去年华元的聘问进行回访。

夏季，晋国的荀首到齐国为晋景公迎娶齐女，因此鲁国的叔孙侨如在穀地等候送给他们食物。

梁山发生了山崩，晋景公用驿车召见伯宗火速回到国都。途中伯宗让一辆载重车给驿车让路：『快给让路。』

押送重车的人说：『你与其等我这辆车过去再走，倒不如走捷径更快。』伯宗问他是哪里人，他说：『我是晋都绛城人。』又问他绛城的情况，他说：『因为发生了山崩，所以国君才召见伯宗回去商议。』伯宗问车夫应该怎么办，他说：『山因为土质腐朽而发生了崩塌，又能有什么办法呢？一个国家以山川为主体，一旦发生山崩河枯这类事，国君就应因此而减膳撤乐，身着常服，乘坐没有彩饰的车子，不奏音乐，离开寝宫外出居住，给神灵献上礼品，并由祝史宣读祭文以祭祀山川之神灵。也只能这样，即使让伯宗去办，他又能怎么样呢？』伯宗邀请他去见国君，他不肯去。伯宗把他的话告诉了晋景公，景公同意按车夫的话去做。

许灵公到楚国控告郑悼公。六月，郑悼公到楚国争辩曲直，结果败诉，楚国人便抓住了皇戌和子国。因此郑悼公回国之后，派公子偃到晋国求和。秋季八月，郑悼公和晋景公在垂棘结盟。

宋国的公子围龟在楚国当人质，回到宋国时，华元设宴招待他。但他要求击鼓呼叫着出入华元家，并且说：『我这是演习攻打华氏一族。』宋共公便把他杀了。

冬季，成公和晋景公、齐顷公、宋共公、卫定公、郑悼公、曹宣公、邾子、杞伯在虫牢举行盟会，这是因为郑国归顺了晋国。

诸侯打算再召开一次盟会，但宋共公派向为人前来表示，因为国内发生了围龟事件，不来参加盟会了。

十一月十二日，周定王去世。

成公六年

传　六年春，郑伯如晋拜成，子游相①，授玉于东楹之东②。士贞伯曰：『郑伯其死乎？自弃也已③！视流而行速④，不安其位，宜不能久⑤。』

二月，季文子以鞌之功立武宫⑥，非礼也。听于人以救其难⑦，不可以立武。立武由己，非由人也。

取鄟⑧，言易也。

三月，晋伯宗、夏阳说⑨、卫孙良夫、宁相、郑人、伊洛之戎、陆浑、蛮氏侵宋⑩，以其辞会也⑪。师于鍼⑫，卫人不保⑬。说欲袭卫⑭，曰：『虽不可入，多俘而归，有罪不及死。』伯宗曰：『不可。卫唯信晋，故师在其郊而不设备。若袭之，是弃信也。虽多卫俘，而晋无信，何以求诸侯？』乃止。师还，卫人登陴。

晋人谋去故绛⑮。诸大夫皆曰：『必居郇瑕氏之地⑯，沃饶而近盬⑰，国利君乐，不可失也。』韩献子将新中军，且为仆大夫⑱。公揖而入。献子从。公立于寝庭⑲，谓献子曰：『何如？』对曰：『不可。郇瑕氏土薄水浅，其恶易觏⑳。易觏则民愁，民愁则垫隘㉑，于是乎有沉溺重腿之疾㉒。不如新田㉓，土厚水深，居之不疾，有汾、浍以流其恶㉔，且民从教，十世之利也。夫山、泽、林、盬，国之宝也。国饶则民骄佚，近宝，公室乃贫，不可谓乐。』公说，从之。夏四月丁丑㉕，晋迁于新田。

六月，郑悼公卒。

子叔声伯如晋㉖。命伐宋。

秋，孟献子、叔孙宣伯侵宋，晋命也。

楚子重伐郑，郑从晋故也。

冬，季文子如晋，贺迁也。

晋栾书救郑，与楚师遇于绕角㉗。楚师还，晋师遂侵蔡。楚公子申、公子成以申、息之师救蔡，御诸桑隧㉘。赵同、赵括欲战，请于武子㉙，武子将许之。知庄子、范文子、韩献子谏曰：『不可。吾来救郑，楚师去我，吾遂至于此，是迁戮也㉚。戮而不已，又怒楚师，战必不克。虽克，不令㉛。成师以出，而败楚之二县，何荣之有焉？若不能败，为辱已甚，不如还也。』乃遂还。

于是，军帅之欲战者众㉜，或谓栾武子曰：『圣人与众同欲㉝，是以济事。子盍从众？子为大政㉞，将酌于民者也㉟。子之佐十一人㊱，其不欲战者，三人而已。欲战者可谓众矣。《商书》曰：「三人占，从二人。」众故也。』武子曰：『善钧㊲，从众。夫善，众之主也㊳。三卿为主，可谓众矣。从之，不亦可乎？』

【注释】

①子游：即公子偃。②楹：古代堂前东西两大立柱，称东楹、西楹。③自弃：不自尊重。④视流：目光流动。行速：走路慌张。⑤宜：大概。⑥武宫：宣扬武功的纪念建筑物。⑦听于人：听从别人指挥。鞌之战是鲁向晋请求出兵而救己难，故军事均听从晋人。⑧鄟：诸侯小国名，在今山东省郯城县东北。⑨夏阳说：晋国大夫。⑩蛮氏：即昭公十六年戎蛮。⑪辞会：指宋拒绝会见。⑫鍼：卫邑名，在今河南省濮阳县附近。⑬不保：不加守备。⑭说：即夏阳说。⑮故绛：晋人称故都绛为故绛，此后迁都新田，也称新田为绛。⑯郇瑕氏之地：郇瑕为二地，郇在解池西北，瑕在解

池南。此云择其一。⑰盬：即盐池，今称解池。⑱仆大夫：即太仆，掌管宫中之事。⑲寝庭：寝宫外的庭院。⑳恶：指污秽肮脏之物。觏：结成。㉑垫隘：瘦弱。㉒沉溺重膇：沉溺为风湿病，重膇即足肿。㉓新田：即今侯马市，距故绛五十里。㉔汾、浍：二水名，汾水流经新田西北，浍水流经新田，注入汾水。㉕丁丑：十三日。㉖子叔声伯：即公孙婴齐。㉗绕角：蔡地名，在今河南省鲁山县东南。㉘桑隧：地名，在今河南确山县东。㉙武子：栾书。㉚迁戮：即侵蔡。㉛不令：不好。㉜军帅：军官。㉝与众同欲：与众人的愿望相同。㉞大政：即执政大臣。㉟酌：斟酌。㊱佐：辅佐者。㊲善钧：同样是善。钧，同『均』。㊳众之主：大众的主张。

【译文】

六年春季，郑悼公前往晋国就讲和一事表示感谢，由郑大夫子游担任相礼。郑悼公本应在两楹之间行授玉之礼，但他却走到东楹东边行礼。士贞伯说：『郑伯恐怕难活多久，因为他不能自重，而且目光游移，东张西望，走路过快不够安详，说明他在君位上不能安定，大概长久不了。』

二月，季文子为了纪念鞌地之战的胜利建立了武宫，这是不合礼的。依靠别人解救自己的灾难，不能建立武宫；只有在依靠自己而不是依靠别人取得胜利的情况下才能建立武宫。

《春秋》中记载夺取了鄟国，说明这一行动完成得非常容易。

三月，晋国的伯宗、夏阳说，卫国的孙良夫、宁相，郑国人以及伊洛的戎人，陆浑、蛮氏等联合进攻宋国，因为宋国去年拒绝参加虫牢会见。联军驻扎在卫国的鍼地，卫国人没有设防。夏阳说建议偷袭卫国，他说：『即使不能攻进卫都，也可多抓一些俘虏回去，就是有罪也还不至于被处死吧。』伯宗说：『不能这么做。卫国十分信赖晋国，因此尽管我军驻扎在郊外，他们也不防备。如果趁机偷袭他们，是不讲信用。虽然多抓了一些俘虏，但晋国却会因此而丧失了信用，又怎么能得到诸侯的拥戴呢？』便打消了这一念头。晋军撤退之后，卫国人才登上城墙。

晋国人打算从故绛迁都。大夫们都说：『要迁就一定要迁到郇瑕氏那个地方。那里土地肥沃，又距盐池很近，对国家有利，又使国君快乐，不能放弃这个好地方。』此时韩献子担任新中军将领，同时还兼任仆大夫。晋景公待群臣朝见礼毕，退入路门，韩献子跟在后面。景公站在寝宫的院子里对韩献子说：『怎么办呢？』韩献子回答说：『不行。郇瑕氏这个地方土地贫瘠，又缺少水源，容易积聚污秽肮脏之物；有了污秽肮脏之物，百姓就会愁苦不堪；百姓愁苦不堪，身体就会羸弱，因此就会滋生风湿和脚肿等疾病。不如迁往新田，因为那里土厚水深，居住不会生病，又有汾水和浍水冲走各种污秽肮脏之物，而且那里的百姓服从管理，这对国家的千秋万代极为有利。再者说，大山、沼泽、森林、盐地，都是国家的宝藏。一旦国家富裕了，百姓就会骄傲放纵；靠近宝藏之地，公室将会因此而贫困，并不能使国君欢乐。』景公很高兴，听从了他的意见。夏季四月十三日，晋国迁都到新田。

六月，郑悼公去世。

鲁国的子叔声伯前往晋国。晋国命令鲁国攻打宋国。

秋季，孟献子、叔孙宣伯入侵宋国，这是晋国的命令。

楚国的子重攻打郑国，原因是郑国又归顺了晋国。

冬季，季文子前往晋国，就晋国迁都表示祝贺。

晋国的栾书率军救援郑国，与楚军在绕角相遇。楚军撤退回国，晋军便随后攻打蔡国。楚国的公子申、公子成率领申地、息地的军队救援蔡国，在桑隧抵抗晋军。赵同、赵括准备出战，向栾书请示，栾书准备同意。荀首、士燮、韩厥劝阻说：『不行。我们本来是救郑国而来，因为楚军离开我们，我们才到了这里，这实际上是把杀戮转移到了别人身上。杀戮没有结束，就又激怒了楚军，这样作战肯定胜利不了。即使能够取胜，也不能算是好事。出动大军，而仅仅打败楚国两个县的军队，有什么光荣呢？如果不能打败他们，那么我们蒙受的耻辱就更大了。不如回去吧。』于是晋军就退兵回国了。

此时军中将领有很多人主张作战，有人对栾书说：『圣明的人顺从大家的愿望，因此才能把事情办好，您怎么不顺从大家的愿望呢？您是执政大臣，应该根据民心做出决定。在您的十一位副帅之中，只有三个人不主张作战，主张作战的可以说是多数了。《商书》说：「如果有三个人占卜，就听从两个人的。」因为两个人就是多数。』栾书说：『如果同样都是善，就听从多数人的意见，善应该是大家的主张。现在有三位卿持有同一主张，也就可以说是大家了吧。我们听从他们的，不也可以吗？』

成公十四年

传　十四年春，卫侯如晋，晋侯强见孙林父焉[①]，定公不可[②]。夏，卫侯既归，晋侯使郤犨送孙林父而见之。卫侯欲辞，定姜曰[③]：『不可。是先君宗卿之嗣也[④]，大国又以为请，不许，将亡。虽恶之，不犹愈于亡乎？君其忍之！安民而宥宗卿，不亦可乎？』卫侯见而复之。

卫侯飨苦成叔⑤，宁惠子相⑥。苦成叔傲。宁子曰：『苦成家其亡乎！古之为享食也，以观威仪、省祸福也⑦。故《诗》曰：『兕觥其觩，旨酒思柔。彼交匪傲，万福来求⑧。』今夫子傲，取祸之道也。』

秋，宣伯如齐逆女。称族⑨，尊君命也。

八月，郑子罕伐许，败焉。戊戌⑩，郑伯复伐许。庚子⑪，入其郛。许人平以叔申之封⑫。

九月，侨如以夫人妇姜氏至自齐。舍族⑬，尊夫人也。故君子曰：『《春秋》之称，微而显⑭，志而晦⑮，婉而成章⑯，尽而不汙⑰，惩恶而劝善。非圣人谁能修之？』

卫侯有疾，使孔成子、宁惠子立敬姒之子衎以为大子⑱。冬十月，卫定公卒。夫人姜氏既哭而息，见大子之不哀也，不内酌饮⑲。叹曰：『是夫也，将不唯卫国之败，其必始于未亡人！呜呼！天祸卫国也夫！吾不获鱄也使主社稷⑳。』大夫闻之，无不悚惧。孙文子自是不敢舍其重器于卫㉑，尽置诸戚㉒，而甚善晋大夫㉓。

【注释】

①强见孙林父：即晋侯勉强卫侯接见孙林父。②定公：即卫侯。③定姜：定公夫人。④先君宗卿：先君指定公之父卫穆公，宗卿指孙林父之父孙良夫。孙氏与卫君同宗，孙良夫曾为卫执政大臣。⑤飨苦成叔：设享礼招待苦成叔。苦成叔：即郤犨。⑥宁惠子：卫臣，即宁殖。⑦省祸福：省察祸福。⑧兕觥其觩四句：出自《诗经·小雅·桑扈》篇。兕觥：古代用犀牛角制成的酒器。觩：弯曲的样子。旨酒思柔：美酒柔和。思，语中助词。彼交匪傲：不骄不傲。彼，

通「匪」。交，借为「骄」。求：聚焦。⑨称族：称呼族名，指称叔孙。⑩戊戌：二十三日。⑪庚子：二十五日。⑫叔申之封：见成公四年传注。叔申，即公孙申。⑬舍族：指不称叔孙。⑭微而显：言精而意明。⑮志而晦：记载史实含蓄深远。⑯婉而成章：表达婉转而顺理成章。⑰尽而不汙：直言其事而不歪曲。汙，不正。⑱孔成子：即孔烝鉏，孔达之子。敬姒：当是卫定公妾。衎：即卫献肥。⑲不内酌饮：不饮水。内，通「纳」。据《礼记·丧大记》载，死者殡后，夫人世妇诸妻皆疏食水饮，酌饮即指疏食水饮。⑳鱄：卫献公的母弟。㉑重器：宝重之器。㉒戚：孙氏采邑。㉓善：交好。

【译文】

十四年春季，卫定公到晋国访问，晋厉公强行让他接见孙林父，定公不肯。夏季，卫定公回到国内，晋厉公派郤犨送孙林父回国拜见国君。卫定公准备拒绝，定公夫人定姜说：「不能这么做。孙林父是先君同宗卿的后人，而且又有大国来请求，不同意，势必要亡国。即使讨厌他，不是也比亡国更好一些吗？国君应该忍耐一下。您接见他，既安定了百姓，又赦免了宗卿，岂不两全其美？」于是卫定公接见了孙林父，并恢复了他的职位和封地。

卫定公设宴款待郤犨，由宁惠子为相礼。席间郤犨极为傲慢。宁惠子说：『郤犨家族将要灭亡。自古以来，设宴款待，就是为了观察一个人的言行威仪，了解他的祸福。因此《诗经》说：「酒杯虽大，酒性柔和；不骄不傲，福禄全到。」现在那个人傲慢无礼，这实在是自取灾祸啊。』

秋季，宣伯到齐国为鲁成公迎娶齐女。《春秋》称呼宣伯的族名「叔孙」，表示他是奉君命而去的。

八月，郑国的子罕讨伐许国，被打败。二十三日，郑成公再次攻打许国。二十五日，攻入许都外城。许国人被迫以叔申的封地送给郑国求和。

九月，宣伯领着夫人姜氏从齐国回来。这次《春秋》不称他的族名『叔孙』，是为了尊重夫人。因此君子们认为：『《春秋》的语言，文辞细密但含义显明，记载史实又意义深远，委婉含蓄但顺理成章，记述全面又无所歪曲，惩戒邪恶，劝化善行。如果不是圣人，谁能达到这种程度呢？』

卫定公患了病，让孔成子、宁惠子拥立他的妾敬姒的儿子衎为太子。冬季十月，卫定公去世。夫人定姜哭了一阵就停下来了。她看到太子并不悲哀，气得连水也不喝了，叹道：『太子这个人啊，不但会使卫国走向灭亡，而且还一定会从我身上开刀。唉！这大概是上天降祸给卫国吧！我后悔没有让他的同母弟弟鱄来做国君。』大夫们听到以后，都十分害怕。从此孙林父不敢把他的贵重物品放在卫都，而是转移到了他的封邑戚地，同时也很注意和晋国的大夫们搞好关系。

襄公

襄公元年

传　元年春己亥①，围宋彭城。非宋地，追书也。于是为宋讨鱼石，故称宋，且不登叛人也②。为之宋志。

彭城降晋，晋人以宋五大夫在彭城者归③，置诸瓠丘④。

齐人不会彭城，晋人以为讨。二月，齐大子光为质于晋。

夏五月，晋韩厥、荀偃帅诸侯之师伐郑，入其郛，败其徒兵于洧上。于是东诸侯之师次于鄫[5]，以待晋师。晋师自郑以鄫之师侵楚焦、夷及陈[6]，晋侯、卫侯次于戚[7]，以为之援。

秋，楚子辛救郑[8]，侵宋吕、留[9]。郑子然侵宋[10]，取犬丘[11]。

九月，邾子来朝，礼也。

冬，卫子叔、晋知武子来聘[12]，礼也。凡诸侯即位，小国朝之，大国聘焉，以继好结信，谋事补阙[13]，礼之大者也。

【注释】

①己亥：疑为乙亥之误。乙亥为二十五日。②叛人：指鱼石等。③宋五大夫：指鱼石、向为人、鳞朱、向带、鱼府。④瓠丘：即壶丘，在今山西垣曲县东南。⑤鄫：郑地，在今河南睢县东南。⑥焦、夷：二邑本陈地，详见僖公二十三年传注。⑦戚：卫地名。⑧子辛：即公子壬夫。⑨吕、留：宋国二邑名。吕在今徐州市东南，留在徐州市北。⑩子然：郑穆公子。⑪犬丘：宋地，在今河南永城市西北。⑫子叔：即公孙剽。⑬补阙：补正过失。

【译文】

元年春季，正月二十五日，诸侯包围了宋国的彭城。彭城已经不是宋国之地了，《春秋》仍记为『宋彭城』，是一种追记的方法。此时诸侯是为了宋国才去讨伐鱼石等人，所以称为宋国，同时表示反对这些叛逆者这是宋国人的愿望。

彭城投降晋国，晋国人把在彭城的鱼石等五个宋国大夫带回晋国，安置在瓠丘。

齐国人没有发兵到彭城会合，晋国又去讨伐齐国。二月，齐国的太子光到晋国做了人质。

夏季五月，晋国的韩厥、荀偃率领诸侯的军队攻打郑国，进至郑都外城，在洧水上游将郑国的步兵击败。此时东部诸侯的军队正驻扎在鄫地等候和晋国会合。晋军从郑国带领鄫地的军队入侵楚国的焦地、夷地和陈国，晋悼公、卫献公驻在戚地，作为后援。

秋季，楚国的子辛救援郑国，侵入宋国的吕地和留地。郑国的子然也领兵入侵宋国，夺取了犬丘。九月，邾子来鲁国朝见，这是合乎礼的。

冬季，卫国的子叔、晋国的荀罃来鲁国聘问，这也合乎礼。凡是诸侯即位，小国都应朝见，大国则聘问，为的是继续发展友好关系，取得对方信任，研究两国大事，弥补从前的过失，这是礼中最重要的内容。

襄公二年

传　二年春，郑师侵宋，楚令也。

齐侯伐莱。莱人使正舆子赂夙沙卫以索马牛①，皆百匹，齐师乃还。君子是以知齐灵公之为『灵』也。

夏，齐姜薨。初，穆姜使择美槚②，以自为榇与颂琴③。季文子取以葬。

君子曰：『非礼也。礼无所逆，妇④，养姑者也⑤，亏姑以成妇，逆莫大焉。《诗》曰⑥：「其惟哲人，告之话言，顺德之行。」季孙于是为不哲矣。且姜氏，君之妣也⑦。《诗》曰⑧：「为酒为醴，烝畀祖妣，以洽百礼，降福孔偕。」』

齐侯使诸姜宗妇来送葬⑨。召莱子，莱子不会，故晏弱城东阳以逼之⑩。

郑成公疾，子驷请息肩于晋⑪。公曰：『楚君以郑故，亲集矢于其目⑫，非异人任⑬，寡人也。若背之，是弃力与言⑭，其谁呢我？免寡人⑮，唯二三子！』

秋七月庚辰，郑伯睔卒。于是子罕当国⑯，子驷为政，子国为司马。晋师侵郑，诸大夫欲从晋。子驷曰：『官命未改⑰。』

会于戚，谋郑故也。孟献子曰⑱：『请城虎牢以逼郑⑲。』知武子曰：『善。鄫之会，吾子闻崔子之言，今不来矣。滕、薛、小邾之不至，皆齐故也。寡君之忧不唯郑。䓨将复于寡君而请于齐。得请而告，吾子之功也。若不得请，事将在齐⑳。吾子之请，诸侯之福也，岂唯寡君赖之。』

穆叔聘于宋，通嗣君也。

冬，复会于戚，齐崔武子及滕、薛、小邾之大夫皆会，知武子之言故也。遂城虎牢，郑人乃成。

楚公子申为右司马，多受小国之赂，以逼子重、子辛，楚人杀之。故书曰：『楚杀其大夫公子申。』

【注释】

①正舆子：莱国贤大夫。夙沙卫：齐灵公幸臣。索马牛：精选的马和牛。索，选择。②美槚：上等槚木。槚，山楸，木质细密，古人常作棺椁。③颂琴：琴名，长七尺二寸，宽一尺八寸，弦二十五根。穆姜制此作为殉葬品。

④妇：媳妇，即儿媳。⑤姑：婆母。⑥《诗》曰：下列诗句出自《诗经·大雅·抑》。哲人：明智的人。话言：善言。⑦妣：祖母。⑧《诗》曰：下列诗句出自《诗经·周颂·丰年》。烝畀：献与。洽：协和。孔偕：很普遍。孔，甚。偕，遍。⑨诸姜：与齐同姓之女嫁与齐国大夫为妻者。宗妇：同姓大夫之妻。⑩东阳：齐国境上邑名。⑪息肩：即今之放包袱。⑫集矢于其目：指成公十六年鄢陵之战，楚共王被射中眼一事。⑬非异人任：并非保护其他人。任，保。⑭弃力与言：背弃其功劳与誓言。力，功。⑮免：免于过错。此为使动用法。⑯当国：秉政。⑰官命：指郑成公之令。⑱孟献子：鲁卿仲孙蔑。⑲虎牢：即北制，详见隐公元年传注。⑳事将在齐：意为将伐齐。事，指军事。

【译文】

二年春季，郑国的军队入侵宋国，这是楚国的命令。

齐灵公讨伐莱国，莱国派正舆子把精选的马、牛各一百头送给夙沙卫，齐军才撤退。君子从这件事上知道了齐灵公所以被谥为「灵」的原因。

夏季，鲁成公夫人齐姜去世。当初，成公的母亲穆姜选择上好的槚木，为自己做好了内棺和颂琴，季文子把它拿来安葬了齐姜。

君子认为：「这是不合礼的，礼不能前后颠倒。媳妇本是供养婆婆的人，如今却亏待婆婆成全媳妇，还有比这更严重的颠到长幼次序的吗？《诗经》说：『只有明智的人，告诉他善言之后，他才能顺应道德而行动。』季孙在这个问题上是很不明智的；再说穆姜又是国君的祖母啊！《诗经》说：『酿造美酒甜酒，献给祖父祖母，合乎所有礼仪，神灵普降福禄。」」

齐灵公派嫁给本国大夫的姜姓女人和同姓大夫的妻子来鲁国为齐姜送葬。同时又召见莱子，莱子拒绝前去，因此晏弱就在齐国边境的东阳筑城，以逼迫莱国。

郑成公患了病，子驷请求和晋国结好，以解除楚国给郑国带来的沉重负担。郑成公说：『楚君因为郑国，眼睛才受了伤，他并非为了别人，而完全是为我啊。如果我背叛他，则是背弃了别人的功劳和自己的诺言，这样谁还会亲近我呢？你们几个人不要让我成为忘恩负义之人。』

秋季七月某日，郑成公睔去世。此时郑国由子罕执政，子驷负责处理日常政务，子国任司马。晋国军队入侵郑国时，大夫们都主张顺从晋国。子驷说：『国君还未下葬，他的命令不能改变。』

鲁国的孟献子和晋国的荀罃、宋国的华元、卫国的孙林父以及曹国人、邾国人在戚地会见，谋划征服郑国之事。孟献子说：『请求在虎牢修城以威逼郑国。』晋国的荀罃说：『好。在鄫地会盟时，齐国崔杼说的话您也听说了，果然现在他们不来了。滕国、薛国和小邾国不来，完全是齐国的缘故。寡君忧虑的不仅仅是郑国。我将把这一情况向国君汇报，然后再请求齐国前来参加盟会。如果齐国同意了，就通知各诸侯在虎牢筑城，那么这将是您的功劳；如果齐国不同意，就讨伐齐国。您的这一请求，实在是诸侯们的福气，不仅仅是寡君的愿望。』

穆叔到宋国聘问，通报鲁襄公即位的消息。

冬季，诸侯再次在戚地会见。齐国的崔杼和滕、薛、小邾等国的大夫都参加了会见，这是荀罃一番话的结果。随后在虎牢筑城。郑国人终于求和。

楚国的公子申担任右司马，他接受了小国的很多贿赂，又企图逼夺子重、子辛的权力，楚国人便把他杀了。因此《春秋》记载为『楚杀其大夫公子申』。

襄公三年

传　三年春，楚子重伐吴，为简之师①。克鸠兹②，至于衡山③。使邓廖帅组甲三百④、被练三千以侵吴⑤。吴人要而击之⑥，获邓廖。其能免者，组甲八十、被练三百而已。

子重归，既饮至三日，吴人伐楚，取驾⑦。驾，良邑也。邓廖，亦楚之良也。君子谓：『子重于是役也，所获不如所亡。』楚人以是咎子重。子重病之，遂遇心疾而卒⑧。

公如晋，始朝也。夏，盟于长樗⑨。孟献子相，公稽首。知武子曰：『天子在，而君辱稽首，寡君惧矣。』孟献子曰：『以敝邑介在东表⑩，密迩仇雠，寡君将君是望，敢不稽首？』

晋为郑服故，且欲修吴好，将合诸侯。使士匄告于齐曰：『寡君使匄，以岁之不易⑪，不虞之不戒，寡君愿与一二兄弟相见，以谋不协，请君临之，使匄乞盟。』齐侯欲勿许，而难为不协，乃盟于耏外⑫。

祁奚请老，晋侯问嗣焉⑬。称解狐，其仇也，将立之而卒。又问焉，对曰：『午也可⑭。』于是羊舌职死矣⑮。晋侯曰：『孰可以代之？』对曰：『赤也可⑯。』于是使祁午为中军尉，羊舌赤佐之。

君子谓：『祁奚于是能举善矣。称其仇，不为谄。立其子，不为比⑰。举其偏⑱，不为党⑲。《商书》曰：「无偏无党，王道荡荡。」其祁奚之谓矣！解狐得举，祁午得位，伯华得官⑳，建一官而三物成㉑，能举善也！夫唯善，故能举其类。《诗》云：「惟其有之，是以似之㉒。」祁奚有焉。

六月，公会单顷公及诸侯。己未㉓，同盟于鸡泽㉔。

晋侯使荀会逆吴子于淮上㉕，吴子不至。

楚子辛为令尹，侵欲于小国。陈成公使袁侨如会求成，晋侯使和组父告于诸侯㉖。秋，叔孙豹及诸侯之大夫及陈袁侨盟，陈请服也。

晋侯之弟扬干乱行于曲梁㉗，魏绛戮其仆。晋侯怒，谓羊舌赤曰：『合诸侯以为荣也，扬干为戮，何辱如之？必杀魏绛，无失也！』对曰：『绛无贰志，事君不辟难，有罪不逃刑，其将来辞，何辱命焉？』言终，魏绛至，授仆人书，将伏剑㉘。士鲂、张老止之。公读其书曰：『日君乏使，使臣斯司马㉙。臣闻师众以顺为武，军事有死无犯为敬㉚。君合诸侯，臣敢不敬？君师不武，执事不敬，罪莫大焉。臣惧其死，以及扬干，无所逃罪。不能致训，至于用钺㉛。臣之罪重，敢有不从，以怒君心，请归死于司寇㉜。』公跣而出㉝，曰：『寡人之言，亲爱也。吾子之讨，军礼也。寡人有弟，弗能教训，使干大命㉞。寡人之过也。子无重寡人之过㉟，敢以为请。』

晋侯以魏绛为能以刑佐民矣。反役㊱，与之礼食㊲，使佐新军。张老为中军司马，士富为侯奄。

楚司马公子何忌侵陈，陈叛故也。

许灵公事楚，不会于鸡泽。冬，晋知武子帅师伐许。

【注释】

①简：选拔。②鸠兹：吴邑，当在今安徽芜湖市东南。③衡山：吴地，即当今涂县东北的横山。④组甲：车兵之服。此指车士。⑤被练：徒兵之服。此指徒兵。⑥要而击之：拦腰攻击楚军。要：同『腰』。⑦驾：楚邑。⑧心疾：精神病。⑨长檮：疑是晋郊地名。⑩介在东表：疆域处于东方偏远的地方。⑪岁之不易：近年多有纠纷。不易，不平。⑫祁：水名，即时水。⑬嗣：继位人。⑭午：即祁午，祁奚之子。⑮羊舌职：此时为晋中军佐。⑯赤：羊舌职之子。⑰比：偏私。⑱偏：副手。⑲党：勾结。⑳伯华：即羊舌赤。㉑三物：即三事，指得举、得位、得官。㉒惟其有之，是以似之：句出《诗经·小雅·裳裳者华》。意为惟善人有此德，故能举拔出似己者。㉓己未：二十三日。㉔鸡泽：地名，在今河北邯郸市东北。㉕淮上：淮水之北，疑在今凤台县境。㉖和组父：人名，官爵不详。㉗乱行于曲梁：在曲梁扰乱军队行列。曲梁，在鸡泽附近。㉘伏剑：抽剑自杀。㉙斯司马：任司马之职。斯，同『司』。㉚无犯：不违反军纪。㉛钺：行刑所用的大斧。㉜司寇：司法官。㉝跣：赤足。㉞干大命：违犯军令。㉟重：加重。㊱反役：事后返国。㊲礼食：公食大夫之礼，即在太庙设礼食招待。

【译文】

三年春季，楚国的子重攻打吴国。他组建了一支经过严格挑选的军队，攻下鸠兹后，又逼至衡山，派邓廖率领三百身穿组甲的车兵和三千身穿被练的步兵进攻吴国。吴国人拦腰截击，一举抓获邓廖。楚国只有八十车兵和三百步兵幸免被俘。

子重回国后，一连三天设宴庆祝胜利。到第三天，吴国人进攻楚国，夺取了驾地。驾地是楚国的一个好地方，邓廖也是楚国的一个杰出将领。因此君子们认为：『子重在这次战役中得到的没有失去的多。』楚国人因此而归罪于子重，子重心中忧郁愤懑，得了精神病而死去。

襄公前往晋国，这是即位后首次朝见。夏季，两国在长樗结盟。孟献子为相礼，襄公向晋悼公叩头。荀罃说：『今有天子在上，国君却屈尊行此大礼，寡君会感到为难的。』孟献子说：『我们国家远在东方，和齐、楚等仇国近在咫尺，寡君要完全依靠贵君，怎能不行此大礼？』

晋国因为郑国已经顺服，并且也想和吴国建立友好关系，便准备召集诸侯会盟。悼公派士匄到齐国传话说：『寡君派我前来，是因为近年来各国之间纠纷不断，对意外情况就没有加强戒备。寡君希望几位兄弟国家相见，以便共同研究对付敌国。请国君能届时光临，特此派我前来请求结盟。』齐灵公本来不想答应，但又不好公开闹不团结，就在祁水之外举行了盟会。

祁奚请求告老退休，晋悼公问谁能接替他的职位。祁奚推荐了解狐，解狐是他的仇人。悼公正准备任命解狐，不料他却死了。悼公又问祁奚，还有谁可以担任此职，祁奚回答说：『我的儿子可以。』刚好此时羊舌职也死了，悼公又问祁奚：『谁能代替他？』祁奚说：『羊舌职的儿子可以胜任。』于是悼公任命祁午为中军尉，羊舌赤为他的副职。

君子们认为：『祁奚在这个问题上能够做到举贤荐能，推举他的仇人不算是谄媚，推举他的儿子不算是营私，推举他的副手不算是结党。《商书》说：「既不结党又不营私，君王之道光明磊落。」大概说的就是祁奚。解狐被举荐，祁午被重用，羊舌赤得官位，任命一个官员却完成了三件事，这是能举贤人的典范。只有贤能之人才能举荐贤能之人，因此《诗经》说：「正因为他有才能，所以被举荐者才像他一样。」祁奚就是这样的人。」

六月，襄公会合单顷公和晋悼公、宋平公、卫献公、郑僖公、莒子、邾子、齐国的世子光。二十三日，在鸡泽会盟。

晋悼公派荀会到淮水上游迎接吴王寿梦，吴王没来。

楚国的子辛出任令尹，准备侵略小国以满足其扩张野心。陈成公派袁侨到鸡泽盟会上请求和好，晋悼公派和组父把此事告诉诸侯。秋季，叔孙豹和诸侯的大夫与陈国的袁侨结盟，这是陈国请求归顺的缘故。

晋悼公的弟弟扬干的车子在鸡泽不远的曲梁扰乱了前往参加盟会军队的行列，魏绛便杀了扬干的车夫。晋悼公听说后大为恼火，对羊舌赤说：『会合诸侯本是一种荣耀，但扬干却因此而受到了惩罚，这是多么大的耻辱啊！一定要杀掉魏绛，不要让他跑掉。』羊舌赤回答说：『魏绛忠心不贰，侍奉国君从来不逃避任何危险，有了罪过也不会逃避刑罚。他肯定会自动前来请罪，又何必劳国君下令呢？』果然，话音刚落，魏绛来到，把一封信交给御仆后，就想拔剑自杀。士鲂和张老上前劝阻了他。悼公打开他的信，信中说：『当初国君缺乏人手，让臣下担任司马之职。我听说军队服从纪律叫作武，参军后宁死不违军纪叫作敬。国君会合诸侯，我怎敢不执行军法军纪呢？国君的部队不守军纪，军中官吏不执军法，再没有比这更大的罪过了。我正因为怕犯下这一大罪，才敢连累扬干，我别无选择。我对下属有失训教，以至于用大斧杀了扬干的车夫。我罪过很重，怎敢不服罪以激怒国君呢？请把我交给司寇处死。』悼公没等穿上鞋就急忙从屋子里跑出来，说：『我的话是出于对兄弟的友爱，您杀了扬干的车夫，这是执行军法。我对弟弟没有能够教育好，使他触犯了军令，这是我的过错，您不要再以死来加重我的过错了。请您不要再死。』

晋悼公认为魏绛能较好地运用刑罚治理百姓，因此，从鸡泽回国之后，就在太庙中设礼食款待他，并晋升他为新军副帅；又任命张老为中军司马，士富为侯奄。

楚国的司马公子何忌入侵陈国，因为陈国背叛了楚国。

许灵公侍奉楚国，没来参加鸡泽盟会。冬季，晋国的荀罃领兵攻打许国。

襄公四年

传　四年春，楚师为陈叛故，犹在繁阳[1]。韩献子患之，言于朝曰：『文王帅殷之叛国以事纣，唯知时也[2]。今我易之，难哉！』

三月，陈成公卒。楚人将伐陈，闻丧乃止。陈人不听命。臧武仲闻之，曰：『陈不服于楚，必亡。大国行礼焉而不服，在大犹有咎，而况小乎？』

夏，楚彭名侵陈，陈无礼故也。

穆叔如晋[3]，报知武子之聘也，晋侯享之。金奏《肆夏》之三[4]，不拜。工歌《文王》之三[5]，又不拜。歌《鹿鸣》之三[6]，三拜。韩献子使行人子员问之，曰：『子以君命，辱于敝邑。先君之礼，藉之以乐[7]，以辱吾子。吾子舍其大[8]，而重拜其细[9]，敢问何礼也？』对曰：『三《夏》，天子所以享元侯也[10]，使臣弗敢与闻。《文王》，两君相见之乐也，使臣不敢及。《鹿鸣》，君所以嘉寡君也，敢不拜嘉？《四牡》，君所以劳使臣也，敢不重拜？《皇皇者华》，君教使臣曰：「必咨于周[11]。」臣闻之：「访问于善为咨，咨亲为询，咨礼为度，咨事为诹，咨难为谋。」臣获五善，敢不重拜？」

秋，定姒薨。不殡于庙，无榇，不虞[12]。

匠庆谓季文子曰[13]：「子为正卿，而小君之丧不成，不终君也[14]。君长，谁受其咎？」

初，季孙为己树六槚于蒲圃东门之外[15]。匠庆请木[16]，季孙曰：「略。」匠庆用蒲圃之槚，季孙不御[17]。

君子曰：「《志》所谓「多行无礼[18]，必自及也」，其是之谓乎！」

冬，公如晋听政[19]，晋侯享公。公请属鄫[20]，晋侯不许。孟献子曰：「以寡君之密迩于仇雠，而愿固事君，无失官命。鄫无赋于司马[21]，为执事朝夕之命敝邑，敝邑褊小，阙而为罪，寡君是以愿借助焉！」晋侯许之。

楚人使顿间陈而侵伐之[22]，故陈人围顿。

无终子嘉父使孟乐如晋[23]，因魏庄子纳虎豹之皮[24]，以请和诸戎。晋侯曰：『戎狄无亲而贪，不如伐之。』魏绛曰：『诸侯新服，陈新来和，将观于我，我德则睦，否则携贰。劳师于戎，而楚伐陈，必弗能救，是弃陈也，诸华必叛[25]。戎，禽兽也[26]，获戎失华，无乃不可乎？《夏训》有之曰[27]：「有穷后羿[28]。」」公曰：『后羿何如？』对曰：『昔有夏之方衰也，后羿自鉏迁于穷石[29]，因夏民以代夏政。恃其射也，不修民事而淫于原兽[30]。弃武罗、伯因、熊髡、龙圉而用寒浞[31]。寒浞，伯明氏之谗子弟也。伯明后寒弃之[32]，夷羿收之[33]，信而使之，以为己相。浞行媚于内[34]，而施赂于外，愚弄其民，而虞羿于田[35]，树之诈慝以取其国家[36]，外内咸服。羿犹不悛，将归自田，家众杀而亨之[37]，以食其子[38]。其子不忍食诸，死于穷门[39]。靡奔有鬲氏[40]。浞因羿室[41]，生浇及豷[42]，恃其谗慝诈伪而不德于民。使浇用师，灭斟灌及斟寻氏[43]。处浇于过，处豷于戈[44]。靡自有鬲氏，收二国之烬[45]，以灭浞而立少康[46]。少康灭浇于过，后杼灭豷于戈[47]。有穷由是遂亡，失人故也。昔周辛甲之为大史也[48]，命百官，官箴王阙[49]。于《虞人之箴》曰[50]：「芒芒禹迹[51]，画为九州[52]。经启九道[53]，民有寝庙，兽有茂草，各有攸处，德用不扰[54]。在帝夷羿，冒于原兽[55]，亡其国恤[56]，而思其麀牡[57]。武不可重[58]，用不恢于夏家[59]。兽臣司原[60]，敢告仆夫[61]。」《虞箴》如是，可不惩乎[62]？』于是晋侯好田，故魏绛及之。

公曰：『然则莫如和戎乎？』对曰：『和戎有五利焉：戎狄荐居[63]，贵货易土[64]，土可贾焉[65]，一也。边鄙不耸[66]，民狎其野[67]，穑人成功[68]，二也。戎狄事晋，四邻振动，诸侯威怀[69]，三也。以德绥戎，师徒不勤，甲兵不顿[70]，四也。鉴于后羿[71]，而用德度[72]，远至迩安[73]，五也。君其图之。』

公说，使魏绛盟诸戎，修民事，田以时。

冬十月，邾人、莒人伐鄫。臧纥救鄫[74]，侵邾，败于狐骀[75]。国人逆丧者皆髽[76]。鲁于是乎始髽[77]，国人诵之曰：『臧之狐裘[78]，败我于狐骀。我君小子[79]，朱儒是使。朱儒！朱儒[80]！使我败于邾。』

【注释】

①繁阳：地名，在今河南新蔡县北。②知时：知道时机不成熟。③穆叔：即叔孙豹。④《肆夏》：乐章名。其辞今已亡。⑤工：乐人。《文王》之三：指《诗经·大雅》中《文王》《大明》《緜》三篇。⑥《鹿鸣》之三：即《诗经·小雅》中《鹿鸣》《四牡》《皇皇者华》三篇。⑦藉：进献。⑧舍其大：指放弃重大的《肆夏》之三与《文王》之三。⑨细：指《鹿鸣》之三。⑩元侯：诸侯之长。⑪咨于周：《皇皇者华》诗篇中有『周爰咨诹』等句，意为咨

询于所谓忠信之人。⑫虞：祭礼。死者葬后，生者返殡宫祭祀而安死者之灵，称虞礼。⑬匠庆：鲁大匠人，名庆。⑭不终君：意为使襄公未为生母送终。⑮蒲圃：种植树木的园圃。⑯请木：请求为定姒做棺材的木料。⑰御：止。⑱《志》：古书名。⑲听政：听从别人的要求。⑳属鄫：使鄫归属鲁国。㉑司马：晋司马主管诸侯的贡赋。㉒顿：近陈小国。㉓无终：山戎国名。㉔魏庄子：即魏绛。㉕诸华：指中原诸国。㉖戎，禽兽也：当时中原诸国文化发达，而落后国家或尚处于原始状况，故视为禽兽。㉗《夏训》：即《夏书》。㉘有穷：部落名。后：君，即当时酋长。㉙鉏：地名，在今河南滑县东。穷石：即穷谷，在洛阳市南。㉚淫于原兽：沉溺于田猎。㉛弃：抛弃武罗等四人。此四人均为后羿的贤臣。龙，通『龙』。寒浞，人名。后杀羿而代其位。㉜伯明后寒：即寒后伯明，寒国之君。㉝夷羿：即后羿。夷，种族名。㉞行媚于内：在宫内献媚。即与羿的妻妾通奸。㉟虞羿于田：使羿以田猎为娱乐。虞，同『娱』。㊱树之诈慝：扶植奸诈邪恶。㊲亨：今作『烹』。㊳以食其子：让羿的儿子吃。㊴穷门：穷国之门。㊵靡：后羿的遗臣。有鬲氏：部落名，其地当在山东德州市东南。㊶因羿室：占有羿的妻妾。㊷浇、豷：二人名。㊸斟灌、斟寻氏：皆部落名。㊹过、戈：皆部落名。过在今山东掖县西北，戈在宋、郑之间。㊺烬：遗民。㊻少康：夏代君主名。㊼后杼：少康之子。㊽辛甲：本殷臣，事纣，屡谏不听，后奔周，为周公卿。㊾官箴王阙：官员须劝谏天子的过失。箴，劝谏，用作动词。㊿《虞人之箴》：篇名。虞人，主田猎的官员。(51)芒芒禹迹：夏禹足迹所至，苍茫辽远。(52)画：分。(53)经启九道：开辟无数大道。九，泛指很多。(54)德用不扰：人与兽互不干扰。此箴言意为田猎不能过滥。(55)冒：贪。(56)国恤：国忧。(57)麀牡：泛指禽兽。麀，母鹿。牡，公鹿。(58)武：指田猎。(59)恢于夏家：扩大夏国。(60)司原：主管田猎。(61)仆夫：左右、侍者。(62)惩：警戒。(63)荐居：逐水草而居。荐，草。(64)贵货易土：重视财货，轻视土地。(65)贾：买。(66)不耸：不惧怕。

67狎其野：习惯于田野耕作。68穑人：农人，或疑为农官。69威怀：因威严而慑服。70顿：坏。71鉴：借鉴。72德度：道德法度。73远至迩安：远国来朝，邻国怀安。74臧纥：即臧孙纥、武仲。75狐骀：邾地，在今山东藤县东南。76髽：本为妇人丧服，即以麻束发，去簪。77诵：讽。怨辞。78臧之狐裘：臧纥身上的狐皮袄。79我君小子：当时襄公有生母定姒之丧在身，古人可称君为小子。80朱儒是使：委派给一个朱儒。朱儒，即侏儒。臧纥矮小，故被称为侏儒。

【译文】

四年春季，楚军因陈国叛变而入侵陈国，军队一直驻扎在繁阳。这使韩厥深为忧虑，他在朝廷上说：『文王率领背叛商朝的国家侍奉纣王，是因为他知道时机还未成熟。现在我们却反了过来，想要成就功业真是难啊。』

三月，陈成公去世。楚国正准备攻打陈国，听到这一消息后便停止出兵了。陈国仍旧不肯服从楚国，臧武仲听说后说：『陈国不顺服楚国，必然灭亡。大国在陈国国丧期间不攻打，这是讲究礼的。即使这样还不顺服，这对大国来说尚且难免招致灾祸，更何况是小小陈国呢？』

夏季，楚国的彭名攻打陈国，因为陈国无礼。

叔孙豹前往晋国，对荀罃聘问进行回访，晋悼公设宴招待他。席间以钟鼓演奏了《肆夏》三章，叔孙豹并未起身拜谢。乐工又唱了《文王》三首，他还是没有答谢。直到再唱《鹿鸣》等三首时，他才起身，连续拜谢三次。

韩厥派外交官子员问叔孙豹：『大夫奉国君之命光临我国，我们根据先君之礼用音乐款待大夫。大夫对前两次演唱不拜，却对第三次演唱一拜再拜，请问这是什么意思？』叔孙豹回答说：『《肆夏》是天子用来招待诸侯领袖的，我不敢听；《文王》是两君相见时演奏的，我也不敢听；《鹿鸣》是国君用来颂扬寡君的，怎敢不拜谢？《四牡》

是国君慰劳我的，怎敢不再次拜谢？《皇皇者华》说明国君教导小臣一定要请教忠信之人。我听说向善人请教是咨，向亲戚访问是询，询问有关礼是度，询问有关政事是诹，询问有关祸难是谋。我得到这五种善事，怎敢不起身三拜呢？』

秋季，襄公的母亲定姒去世，没有在祖庙停放棺材，没有使用内棺，没有举行虞祭。

匠庆对季文子说：『您作为国家正卿，国君生母的丧礼没有按夫人的规格办理，这等于不让国君为他母亲送终。将来国君长大后，谁来承担这一责任呢？』

当初，季文子为自己在蒲圃的东门之外种了六棵槚树。匠庆请求使用这些树给定姒做棺木，季文子说：『简单一点儿吧！』匠庆还是砍伐了蒲圃的槚树，季文子也没有加以阻拦。

君子认为：『《志》书中说的「自己多做无礼之事，总有一天要自食恶果」，说的就是季文子吧！』

冬季，襄公前往晋国听取晋国对鲁国提出的要求，悼公设宴招待襄公。襄公请求把鄫国划归鲁国作为附庸，悼公不同意。孟献子说：『寡君距离敌国这么近，但始终坚持侍奉国君，从没有违背贵国的命令。鄫国从来不向晋国交纳贡赋，而国君的左右官员却整天对我国提出各种要求。我国虽然地域狭小，无力承担这种负担，但如果不满足贵国的要求，就是罪过。寡君希望能得到鄫国作为补偿。』悼公同意了这一要求。

楚国人让顿国钻陈国的空子进攻它，为此陈国人包围了顿国。

无终国国君嘉父派孟乐到晋国，通过魏绛的关系给晋悼公献上了一些虎豹皮，以请求晋国和戎人各部落讲和。悼公说：『戎狄不可亲近而且贪婪，不如攻打他们。』魏绛说：『各诸侯刚刚归服我国，陈国也新近才和我们讲和，正在观察我们的表现。如果我们有德，就亲近我们；否则，就背叛我们。兴师动众去征伐戎狄，让楚国乘机攻打陈国，我们肯定不能救援他们。这实际上是抛弃了陈国，中原诸国必然会背叛我们。戎狄犹如禽兽，如果征服了戎狄却失去了中原各国，恐怕得不偿失吧！《夏训》有句话说「有穷的后羿——」。』悼公打断他的话说：『后羿又怎么样？』魏绛说：『从前夏朝正日趋衰落时，后羿自鉏地迁徙到穷石，利用夏朝的百姓取代了夏朝的政权。后羿依仗自己善于射箭，不修政事致力于安抚百姓，却沉溺于打猎之中，丢弃了武罗、伯困、熊髡、龙圉等贤人，却起用了寒浞。寒浞是伯明氏的一个奸邪子弟，寒国国君伯明抛弃了他，后羿却收养了他，相信并且重用他，让他担任了自己的助手。寒浞在宫内对女人献媚，在外面又遍施钱财，愚弄百姓，使后羿终日以打猎为业；又运用奸诈邪恶的手段夺取了国家的政权，国内都归顺了他。此时后羿仍然不思悔改，结果从打猎的地方回来后，就被他的家臣杀了；还把他煮熟，让他儿子吃，他儿子不忍心吃，被杀死在穷门。后羿的臣子靡逃到了有鬲氏。寒浞霸占了后羿的妻妾，生了浇和豷。又仗着他的奸诈邪恶，对百姓不施德行，并派浇发兵灭了斟灌和斟寻氏；又让浇镇守过地，让豷镇守戈地。靡在有鬲氏收集了斟灌和斟寻两国的遗民，一举灭亡了寒浞，立了少康。少康在过地消灭了浇，后杼在戈地消灭了豷。有穷从此就灭亡了，这就是失去贤人的结果。从前周朝的辛甲做太史的时候，曾下令百官每人都要对天子的过错进行劝谏。《虞人之箴》中说：「大禹统治的辽阔土地，划分为九个州，开辟了无数道路，百姓生前有房屋，死后有庙宇；禽兽有茂盛的野草，也有可供栖息的地方，人兽和平共处，互不干扰。后羿身为君主，贪恋野兽，不顾国家的忧患，终日所思都是飞禽走兽。田猎不可过分，否则将使国家灭亡。兽臣是管理田猎之官，所以才敢告诉国君。」《虞箴》中这么说，难道还不引以为戒吗？』此时晋悼公正热衷于打猎，所以魏绛才讲了后羿的故事。

晋悼公说：『那么还有没有比跟戎狄讲和更好的办法呢？』魏绛回答说：『与戎狄讲和有五点好处：戎狄四处

流动，逐水草而居，看重财物而轻视土地，可以把他们的土地买过来，这是第一点；边疆不必再加强警备防守，百姓可以安心耕种，管理边疆农田的官员也可以完成任务了，这是第二点；一旦戎狄侍奉晋国，四周各国必然被惊动，诸侯因为我们的威望而更加顺服，这是第三点；以德行安抚戎狄，能免去将士远征之苦，武器也不会被损坏，这是第四点；吸取后羿的亡国教训，推行德政，使远方的国家来朝、邻近的国家安心，这是第五点。国君还是认真考虑一下吧！』

悼公非常高兴，派魏绛和戎狄各部落结盟，并致力于百姓事务，即使打猎也不违背农时。

冬季十月，邾人、莒人攻打鄫国。臧纥救援鄫国，侵入邾国，却在狐骀被打败。国人迎接阵亡将士灵柩回国时，都以麻结发。鲁国从此开始流行以麻束发的习俗。国人都讽刺说：『臧孙身穿狐皮袄，狐骀一战被打败，我们国君太年幼，竟然派此侏儒人。侏儒人啊侏儒人，使我败给邾国人。』

昭公

昭公二年

传　二年春，晋侯使韩宣子来聘，且告为政而来见，礼也。观书于大史氏，见《易》《象》与《鲁春秋》①，曰：『周礼尽在鲁矣。吾乃今知周公之德与周之所以王也。』公享之，季武子赋的《緜》之卒章②。韩子赋《角弓》③。季武子拜，曰：『敢拜子之弥缝敝邑④，寡君有望矣。』武子赋《节》之卒章⑤。即享，宴于季氏，有嘉树焉，宣子誉之。武子曰：

『宿敢不封殖此树，以无忘《角弓》。』遂赋《甘棠》[6]。宣子曰：『起不堪也，无以及召公。』

宣子遂如齐纳币。见子雅。子雅召子旗[7]，使见宣子。宣子曰：『非保家之主也，不臣。』见子尾。子尾见强[8]。宣子谓之如子旗。大夫多笑之。唯晏子信之，曰：『夫子，君子也[9]。君子有信，其有以知之矣。』

自齐聘于卫。卫侯享之，北宫文子赋《淇澳》[10]。宣子赋《木瓜》[11]。

夏四月，韩须如齐逆女。齐陈无宇送女，致少姜[12]。少姜有宠于晋侯，晋侯谓之少齐。谓陈无宇非卿，执诸中都[13]。少姜为之请曰：『送从逆班[14]，畏大国也，犹有所易[15]，是以乱作[16]。』

叔弓聘于晋，报宣子也。晋侯使郊劳。辞曰：『寡君使弓来继旧好，固曰：「女无敢为宾！」彻命于执事[17]，敝邑弘矣[18]。敢辱郊使？请辞。』致馆，辞曰：『寡君命下臣来继旧好，好合使成[19]，臣之禄也[20]。敢辱大馆？』叔向曰：『子叔子知礼哉！吾闻之曰：「忠信，礼之器也[21]；卑让，礼之宗[22]也」。辞不忘国，忠信也；先国后己，卑让也。《诗》曰：「敬慎威仪，以近有德[23]。」夫子近德矣。』

秋，郑公孙黑将作乱，欲去游氏而代其位，伤疾作而不果[24]。驷氏与诸大夫杀之[25]。子产在鄙[26]，闻之，惧弗及，乘遽而至。使吏数之，曰：『伯有之乱[27]，以大国之事[28]，而未尔讨也。尔有乱心，无厌，国不女堪[29]。专伐伯有[30]，而罪一也；昆弟争室，而罪二也；薰隧之盟，女矫君位[31]，而罪三也。有死罪三，何以堪之？不速死，大刑将至。』再拜稽首，辞曰：『死在朝夕，无助天为虐。』子产曰：『人谁不死，凶人不终，命也。作凶事，为凶人。不助天，其助凶人乎？』请以印为褚师[32]。子产曰：『印也若才，君将任之；不才，将朝夕从女。女罪之不恤，而又何请焉？不速死，司寇将至。』七月壬寅[33]，缢。尸诸周氏之衢[34]，加木焉[35]。

晋少姜卒。公如晋，及河。晋侯使士文伯来辞，曰：『非伉俪也[36]。请君无辱！』公还，季孙宿遂致服焉[37]。

叔向言陈无宇于晋侯曰：『彼何罪？君使公族逆之，齐使上大夫送之。犹曰不共，君求以贪[38]。国则不共，而执其使。君刑已颇[39]，何以为盟主？且少姜有辞。』冬十月，陈无宇归。

十一月，郑印段如晋吊。

【注释】

①《易》：即《易经》。《象》当是鲁国历代的政令。《鲁春秋》：鲁史。②《緜》：《诗经·大雅》篇名。季武子赋其最后一章，义取文王有四臣，故能绵绵致兴盛。③《角弓》：《诗经·小雅》篇名。义取兄弟之国宜相亲附。④弥缝：补合。⑤《节》：《诗经·小雅》篇名。武子赋其卒章，以喻晋国之德可以安抚万邦。⑥《甘棠》：《诗经·召南》篇名。诗意为赞颂召公之德。武子赋此诗欲以宣子比召公。⑦子旗：子雅之子。⑧强：子尾之子。⑨夫子：指韩起。⑩《淇澳》：《诗经·卫风》篇名。诗意为赞美武公，言宣子有武公之德。⑪《木瓜》：亦出自《卫风》，义取厚报以为好。⑫致：送至夫家。⑬中都：邑名。⑭送从逆班：送亲的人与迎亲的人地位相同。⑮易：改变。⑯乱作：乱子发生。指陈无宇被执。⑰彻命：达命。⑱弘：弘光，光大。⑲成：完成使命。⑳禄：福。㉑器：容器。㉒宗：主。㉓敬慎威仪，以近有德：句出《诗经·大雅·生民》。近有德，亲近有德的人。㉔不果：不成。㉕驷氏：公孙黑之族。㉖鄙：边境。㉗伯有之乱：见襄公三十年传注。㉘以：因。㉙国不女堪：国家不容忍你。㉚专伐：专权而讨伐。㉛矫：假托。㉜印：公孙黑之子。褚师：市官。㉝壬寅：初一日。㉞周氏之衢：即周氏之汪，地名。㉟加木：书其罪于板，放在尸体上。㊱伉俪：正妻。㊲服：葬服。㊳以贪：太过分。贪：奢。㊴已颇：太偏颇。

【译文】

二年春季，晋平公派韩起到鲁国聘问，同时通报，韩起将执政，这是合乎礼的。韩起到鲁国太史氏家中参观图书，看到了《易》《象》和《鲁春秋》。他说：『看来周礼都保留在鲁国了，我现在才理解周公的德行以及周朝为什么能统一天下了。』昭公宴请韩起，席间季武子吟诵了《緜》诗最后一章。韩起吟诵了《角弓》一诗，季武子连忙下拜，说：『感谢您来访问兄弟国家，寡君有希望了。』季武子吟诵了《节》诗最后一章。宴会结束后，季武子又在家里宴请韩起。看到季武子家有一棵很名贵的树，韩起赞美了它。武子说：『今后我将精心栽培它，以使我不忘《角弓》一诗。』然后吟诵了《甘棠》一诗，韩起说：『实在不敢当，我赶不上召公。』

韩起随后又到齐国送去聘礼。见到子雅，子雅把子旗叫来，让他拜见韩起。韩起说：『子旗保守不住家族，他不像个臣子。』见到子尾，子尾让子强拜见韩起，韩起认为子强和子旗一样。大夫们嘲笑韩起，只有晏婴表示相信，他说：『韩起是个君子，君子心诚，他是有根据的。』

韩起又从齐国到卫国聘问。卫襄公宴请他，席间北宫文子吟诵了《淇奥》一诗，韩起则吟诵了《木瓜》一诗。

夏季四月，韩起到齐国为晋平公迎娶齐女少姜。齐国的陈无宇护送少姜到晋国。少姜受到平公的宠爱，平公称她为少齐。当得知陈无宇不是卿时，就把他抓了起来押到中都。少姜为他求情说：『送亲的人应和迎亲的人地位相当，齐国害怕大国，做了一些变通，所以产生了误会，陈无宇才被抓了起来。』

叔弓到晋国聘问，以答谢韩起的来访。晋平公派人在郊外慰劳他，叔弓推辞说：『寡君派我前来是为继续过去的友好，一再对我说：「你切不可以宾客自居。」只要能够把命令传达给贵国，这就是我国的福气了，哪里敢接受贵国的郊劳之礼呢？请允许我辞谢。』把他安置在宾馆居住，他推辞说：『寡君派我前来重修旧好，关系得到巩固，使命得以完成，这就是我的福气了，我怎么敢住这么好的宾馆呢？』叔向说：『叔弓真懂得礼啊。我听说：「忠信是盛载礼的容器，卑让是礼赖以存在的根本。」言语之中始终不忘国家，这是忠信；首先想到国家，然后才想到自己，这是卑让。《诗经》说：「言行恭敬，仪表慎重，如此才能接近德行。」叔弓已经接近德行了。』

秋季，郑国的子皙准备发动叛乱，以除掉游氏，取代他的地位，因为伤口复发而被迫停止。他的家族驷氏和大夫们都想杀了他。子产正在郑国边境，听说后，深恐来不及，便乘驿车回到郑都，派了一个官吏前去历数子皙的罪状说：『在伯有那次动乱中，因为当时忙于处理和大国的事情，没有顾得上讨伐你。你的祸乱之心没有满足的时候，国家已经不堪忍受了。你随便攻打伯有，这是第一条罪状；兄弟之间互相争夺一个女人，这是第二条罪状；薰隧之盟时，你假托君命竟然与六卿并列，这是第三条罪状。有了这够得上死罪的三条罪状，怎么能再容忍你呢？你不快点去死，死刑也会落到你的头上。』子皙两次下拜辞谢说：『我很快就会死去，您不必再帮助上天来虐待我了。』子产说：『哪一个人不会死呢？只不过恶人不得善终罢了，这也是天意。你做了恶事，成为恶人，我不帮助上天，还能帮助你这个恶人吗！』子皙请求让儿子印担任市官，子产说：『如果印有才能，国君将会任命他；他无能，早晚也会随你而死。你不关心自己的罪过，还有什么资格提出请求？如不赶快去死，司寇将要来捉拿你了。』七月一日，子皙自缢而死。子产命人把他的尸首挂到周氏大街上示众，罪状写到一块木牌上。

晋国的少姜去世，昭公前去吊唁。走到黄河，晋平公派士文伯辞谢说：『少姜并非正式的妻子，国君不必屈尊了。』

昭公回去，由季武子送去少姜下葬的衣服。

叔向对平公说起陈无宇的事情，为他求情说：『他们的国君有什么罪呢？国君派公族大夫前去迎亲，齐国却派了上大夫送亲。这样还说人家不够恭敬，国君的要求也太过分了。实际上是我国不够恭敬，却又把人家的使者抓起来。国君的刑罚已经有失公正了，还怎么能成为盟主？再说少姜生前也曾向您请求过。』冬季十月，陈无宇被释放回国。

十一月，郑国的印段到晋国吊唁。

昭公六年

传　六年春，王正月，杞文公卒，吊如同盟，礼也。大夫如秦，葬景公，礼也。

三月，郑人铸刑书[1]。叔向使诒子产书[2]，曰：

『始吾有虞于子[3]，今则已矣。昔先王议事以制[4]，不为刑辟[5]，惧民之有争心也。犹不可禁御，是故闲之以义[6]，纠之以政[7]，行之以礼[8]，守之以信，奉之以仁[9]，制为禄位以劝其从[10]，严断刑罚以威其淫[11]。惧其未也[12]，故诲之以忠，耸之以行[13]，教之以务[14]，使之以和[15]，临之以敬[16]，莅之以强[17]，断之以刚[18]。犹求圣哲之上[19]，明察之官，忠信之长，慈惠之师，民于是乎可任使也，而不生祸乱。民知有辟，则不忌于上[20]，并有争心，以征于书[21]，而侥幸以成之，弗可为矣。夏有乱政而作《禹刑》[22]，商有乱政而作《汤刑》，周有乱政而作《九刑》，三辟之兴[23]，皆叔世也[24]。今吾子相郑国，作封洫[25]，立谤政[26]，制参辟[27]，铸刑书，将以靖民，不亦难乎？《诗》曰[28]：「仪式刑文王之德，日靖四方。」

又曰：「仪刑文王，万邦作孚㉙。」如是，何辟之有？民知争端矣㉚，将弃礼而征于书，锥刀之末㉛，将尽争之。乱狱滋丰㉜，贿赂并行㉝，终于之世，郑其败乎！肸闻之，国将亡，必多制，其此之谓乎！」

复书曰：『若吾子之言……侨不才，不能及子孙㉞，吾以救世也。既不承命，敢忘大惠？』

士文伯曰：『火见㉟，郑其火乎㊱！火未出而作火以铸刑器，藏争辟焉㊲。火如象之㊳，不火何为？』

夏，季孙宿如晋，拜莒田也。晋侯享之，有加笾。武子退，使行人告曰：『小国之事大国也，苟免于讨，不敢求贶。得贶不过三献。今豆有加，下臣弗堪，无乃戾也。』韩宣子曰：『寡君以为驩也。』对曰：『寡君犹未敢，况下臣，君之隶也，敢闻加贶？』固请彻加而后卒事。晋人以为知礼，重其好货。

宋寺人柳有宠，大子佐恶之。华合比曰：『我杀之。』柳闻之，乃坎、用牲、埋书，而告公曰：『合比将纳亡人之族㊴，既盟于北郭矣。』公使视之，有焉，遂逐华合比。合比奔卫。于是华亥欲代右师㊵，乃与寺人柳比㊶，从为之征㊷，曰『闻之久矣。』公使代之，见于左师㊸，左师曰：『女夫也㊹，必亡！女丧而宗室㊺，于人何有？人亦于女何有？《诗》曰㊻：「宗子维城，毋俾城坏，毋独斯畏。」女其畏哉！』

六月丙戌㊼，郑灾。

楚公子弃疾如晋，报韩子也。过郑，郑罕虎、公孙侨、游吉从郑伯以劳诸柤㊽。辞不敢见。固请见之。见，如见王，以其乘马八匹私面㊾，见子皮如上卿㊿，以马六匹。见子产，以马四匹。见子大叔，以马二匹。禁刍牧采樵[51]，不入田，不樵树[52]，不采蓺[53]，不抽屋[54]，不强匄[55]，誓曰：『有犯命者，君子废，小人降[56]。』舍不为暴，主不慁宾[57]。往来如是。郑三卿皆知其将为王也[58]。

韩宣子之适楚也，楚人弗逆。公子弃疾及晋竟，晋侯亦将弗逆。叔向曰：『楚辟我衷[59]，若何效辟。《诗》曰[60]：「尔之教矣，民胥效矣。」从我而已，焉用效人之辟？《书》曰：「圣作则[61]。」无宁以善人为则，而则人之辟乎？匹夫为善，民犹则之，况国君乎？』晋侯说，乃逆之。

秋九月，大雩，旱也。

徐仪楚聘于楚。楚子执之，逃归。惧其叛也，使薳泄伐徐。吴人救之。令尹子荡帅师伐吴，师于豫章[62]，而次于乾谿[63]。吴人败其师于房钟[64]，获宫厩尹弃疾。子荡归罪于薳泄而杀之。

冬，叔弓如楚聘，且吊败也。

十一月，齐侯如晋，请伐北燕也。士匄相士鞅，逆诸河，礼也。晋侯许之。十二月，齐侯遂伐北燕，将纳简公。晏子曰：『不入。燕有君矣，民不贰。吾君贿[65]，左右谄谀，作大事不以信，未尝可也。』

【注释】

①铸刑书：将刑法铸于鼎上。②诒：送给。③虞：希望。④议事以制：衡量事之轻重，据以断刑。议，度。制，断。⑤刑辟：刑律。⑥闲之以义：用道义来防止。闲，防备，限制。⑦纠：纠察。⑧行：施行。⑨奉：奉养。⑩劝其从：勉励顺从者。⑪以威其淫：威胁那些放纵者。⑫未：未能奏效。⑬耸：奖励。⑭务：业务，专业。⑮使之以和：用和悦的态度使用他们。⑯敬：严肃。⑰强：威严。⑱刚：刚直，坚决。⑲上、官、长、师：四者为各级官长。上指执政的卿相；官指主事的官员；长指乡长；师为掌教化的老师。⑳忌：敬畏。㉑征于书：引刑律条文为证。㉒乱政：违犯政令者。《禹刑》：与下文《汤刑》《九刑》均为刑名。《禹刑》未必为禹所作，下文亦同。㉓三辟：指《禹刑》《汤刑》《九

刑》。㉔叔世：晚期。㉕作封洫：事见襄公三十年传。㉖立谤政：指作丘赋郑人谤之。详见昭公四年传。㉗参辟：或指刑律的三种，或三项内容。参，同『叁』。㉘《诗》曰：以下二句出自《周颂·我将》篇。仪、式、刑三字同义连用，义为效法。㉙仪刑文王，万邦作孚：句出《诗经·大雅·文王》篇。孚，信。㉚争端：指刑书，即征于书。㉛锥刀之末：锥刀为刻字的工具，锥刀之末喻刑书的每字每句。㉜丰：繁多。㉝并：遍。㉞及子孙：虑及子孙。㉟火见：大火星出现。㊱火：火灾。㊲藏争辟：隐藏着刑律的争端。㊳象：象征。㊴亡人：指出奔于陈的华臣。㊵华亥：华合比之弟。㊶比：勾结。㊷征：证。㊸左师：晋向戌。㊹女夫：轻视之词，亦作『而夫』。㊺宗室：宗主，宗族。㊻《诗》曰：以下三句出自《大雅·板》篇。毋独斯畏：勿使己孤独而畏惧。㊼丙戌：七日。㊽柤：郑地，位近郑都。㊾私面：即私觌，以私人身份的聘礼。㊿如上卿：如见楚上卿。(51)刍牧：割草放牧。(52)樵树：伐树为柴。(53)匄：今作『艺』，即蔬菜瓜果。(54)抽屋：拆房屋之木。(55)强匄：即行乞讨。匄，同『丐』。(56)君子废，小人降：君子撤职，小人降级。君子指有官职者，小人指杂役。(57)恩宾：即不以宾为患。恩，忧，烦劳。(58)三卿：指罕虎、公孙侨、游吉。(59)辟：邪。衷：正。(60)《诗》曰：以下二句出自《小雅·角弓》篇。胥，皆。(61)圣作则：句出《逸书》。作则，做出准则。(62)豫章：地名，在今安徽霍邱、六安、霍山县一带。(63)乾谿：在今安徽亳县东南。(64)房钟：在今安徽蒙城县西南。(65)贿：贪财。

【译文】

六年春季，周历正月，杞文公去世，鲁国派人前去吊唁，如同对待同盟国家一样，这是合乎礼的。鲁国的大夫到秦国为秦景公送葬，也是合乎礼的。

三月，郑国人把刑法铸到了鼎上。于是叔向便派人给子产送了一封信，信中内容是：

『开始我对您抱有很大希望，现在则失望了。从前先王根据事情的轻重临时决定给予制裁，并不预先制定专门的刑法，是因为害怕百姓会产生争夺之心。即使如此，还是不能禁止犯罪的发生，因此就又通过道义来限制，用政令来约束，用礼来推行，用信用来维持，用仁慈来奉养，并制定了俸禄和爵位制度来劝勉人们顺从，又从重处罚以威慑放纵之人。还怕这样不行，又以忠诚教导他们，对好的行为加以奖励，教他们掌握一些专业技能，使其心情愉快，同时又感到严肃而有威严，对犯罪者果断处罚。同时还经常请教圣明贤能的卿相、明察秋毫的官员、忠诚守信的乡长和仁慈和善的教师。百姓在这种情况下才能俯首听命，而不发生祸乱。一旦百姓知道国家有了刑法，就只知道依据法律，而不会对上司恭恭敬敬了；而且人人都有争夺之心，都引用刑法为自己辩解，并且也侥幸能得以成功，这样一来，整个国家就无法治理了。夏朝时有人违犯政令，因此临时制定了《禹刑》；商朝时有人违反政令，于是临时制定了《汤刑》；周朝时有人违反了政令，于是临时制定了《九刑》。这三种刑法的制定都是在一个朝代的末世。现在您辅佐郑国，划定田埂水沟，推行受人攻击的丘赋制度，制定了三种刑罚，又要把刑法铸到鼎上，企图以此来安定百姓，不也很难做到吗？《诗经》说：「效法文王的德行，每天都能安定四方。」又说：「效法文王，万邦信赖。」这样，又何必制定什么刑法呢？百姓知道有了争夺的根据，就会丢弃礼而只依据刑法。刑法中的每一个字每一句话，都要争个一清二楚。这样，犯法者会更多，贿赂行为也会更加普遍。等到您去世时，郑国也就要灭亡了吧？据我所知，一旦国家将要灭亡，必然要制定很多法令，说的就是这种情况吧！』

子产回信说：『如果按照您所说的……我深知自己没有才能，不能顾及子孙，只是要以此挽救现在的国家不致灭亡。即使我不能接受您的命令，也绝不敢忘记您的一片好心！』

士匄说：『发现了大火星，恐怕郑国会发生火灾吧！火星还未出现，就用火来熔铸刑器，并把将要引起百姓争端的刑法铸到上面。大火星如果象征这一情况，还能不发生火灾吗？』

夏季，季孙宿到晋国，就鲁国接受莒国田地却没有受到攻伐而拜谢。晋平公宴请他，在正常规格之外又特别增加了笾豆。季孙宿退了出来，派外交官说：『小国侍奉大国，如果能被免于讨伐，就不敢再希望得到赏赐；即使得赏赐也不能超过三献的规格。现在专门又为我增加了笾豆，我实在担当不起，这是我的罪过。』韩起说：『寡君是想以此使您高兴。』季孙宿说：『寡君尚且不敢接受这一待遇，何况我只是国君手下一个办事人员呢！怎么敢接受这一厚遇呢？』并坚决请求撤去额外增加的笾豆，然后才举行宴享的礼仪。晋国人因此认为他知晓礼仪，便格外多送给他一些礼物。

宋国的寺人柳受到宋平公的宠信，但太子佐很讨厌他。华合比对太子佐说：『我去杀了他。』柳听说后，便在城外挖了一个坑，杀了牲畜，又把盟书放到上面埋起来，随后告诉平公：『华合比准备接纳逃亡的华臣，已经在北边城外结盟了。』平公派人察看，果然如此，便驱逐了华合比，华合比逃到了卫国。这时华合比的弟弟华亥恰好想代替他担任右师，就和寺人柳勾结起来，从旁做证说：『我早就听说此事了。』平公便让他代替了华合比。华亥拜见左师向戌，向戌说：『你小子也一定会落个逃亡的下场。你毁掉了自己的宗主，你对别人怎么样，别人也将对你怎么样！《诗经》说：「宗主就是宗族的城墙，不要将它毁坏，不要使自己孤立无援心惊胆战。」你今后肯定会心有余悸吧。』

六月七日，郑国发生了火灾。

楚国的公子弃疾到晋国访问，对韩起送晋女一事表示感谢。途经郑国时，郑国的子皮、子产、游吉随同郑简公在柤地慰劳他们。但公子弃疾不敢接受，再三请求之后他才出来相见。他见到郑简公就像见到楚灵王一样恭敬有礼，并把驾车的八匹马作为私人礼物送给简公；见到子皮如同见到楚国的上卿一样，送给他六匹马；见到子产，送他四匹马；见到游吉送给他两匹马；还下令随行人员不得随便割草放牧或采摘砍柴，不得侵入农田，不得砍伐树木，不得采摘蔬菜瓜果，不得拆毁民房，不得强行向别人讨取，并发誓说：『有触犯这一命令的，君子要撤职，小人要降级！』因此楚国人在郑国期间没有任何暴行，没有给主人带来任何麻烦，来去都是如此。郑国的三个卿因此知道公子弃疾将来要成为楚王。

韩起到楚国时，楚国人没有出城迎接。公子弃疾来到晋都边境时，平公也打算不去迎接他。叔向说：『楚国奸邪，我们正派，为什么要效仿奸邪呢？《诗经》说：「你的行为就是教诲，百姓将会效仿。」只根据我们自己的一贯原则去做就行了，何必去效仿奸邪之人呢？《尚书》说：「圣人制定了法则。」宁可以善人为行动准则，难道要学习奸邪吗？即使一个普通的人，做了善事，百姓也会以他为榜样，何况国君呢？』平公非常高兴，出城迎接了公子弃疾。

秋季九月，鲁国举行大雩祭，因为发生了旱灾。

徐国大夫仪楚到楚国聘问，灵王把他抓了起来，但他又逃走了。灵王担心他会发动叛乱，派薳泄攻打徐国。吴国援救了徐国。令尹子荡又率兵攻打吴国，军队从豫章出发，驻扎在乾谿。吴国人在房钟打败了楚军，俘获了宫厩尹弃疾。子荡把失败归罪于薳泄，把他杀了。

冬季，叔弓到楚国聘问，同时对楚军打了败仗表示慰问。

十一月，齐景公到晋国请求讨伐北燕。士匄作为相礼陪同士鞅到黄河岸边迎接，这是合乎礼的。晋平公同意了齐国请求。十二月，齐景公攻打北燕，准备把北燕伯送回去。晏婴说：『不能送他回去。燕国已有国君，百姓也都忠心不贰。国君为了贪图财物，身边的人都对您阿谀奉承。但做大事不依靠信用，是不行的。』

昭公九年

传　九年春，叔弓、宋华亥、郑游吉、卫赵黡会楚子于陈。

二月庚申，楚公子弃疾迁许于夷，实城父①，取州来淮北之田以益之②。伍举授许男田。然丹迁城父人于陈，以夷濮西田益之。迁方城外人于许。

周甘人与晋阎嘉争阎田③。晋梁丙、张趯率阴戎伐颍。王使詹桓伯辞于晋④，曰：『我自夏以后稷⑤，魏、骀、芮、岐、毕⑥，吾西土也。及武王克商，蒲姑、商奄，吾东土也。巴、濮、楚、邓，吾南土也。肃慎、燕、亳，吾北土也。吾何迩封之有⑦？文、武、成、康之建母弟⑧，以蕃屏周，亦其废队是为⑨，岂如弁髦而因以蔽之⑩。先王居梼杌于四裔⑪，以御螭魅，故允姓之奸⑫，居于瓜州。伯父惠公归自秦⑬，而诱以来，使逼我诸姬，入我郊甸⑭，则戎焉取之⑮。戎有中国，谁之咎也？后稷封殖天下⑯，今戎制之⑰，不亦难乎？伯父图之。我在伯父，犹衣服之有冠冕，木水之有本原⑱，民人之有谋主也。伯父若裂冠毁冕，拔本塞原，专弃谋主⑲，虽戎狄，其何有余一人⑳？』叔向谓宣子曰：『文之伯也[21]，岂能改物[22]？翼戴天子而加之以共[23]。自文以来，世有衰德而暴灭宗周[24]，以宣示其侈[25]，诸侯之贰，不亦宜乎？且王辞直[26]，子其图之。」宣子说。王有姻丧[27]，使赵成如周吊，且致阎田与襚，反颍俘[28]。王亦使宾滑执甘大夫襄以说于晋[29]，晋人礼而归之。

夏四月，陈灾。郑裨灶曰：「五年，陈将复封。封五十二年而遂亡。」子产问其故。对曰：「陈，水属也[30]；火，水妃也[31]，而楚所相也[32]。今火出而火陈[33]，逐楚而建陈也。妃以五成[34]，故曰五年。岁五及鹑火[35]，而后陈卒亡，楚克有之，天之道也，故曰五十二年。」

晋荀盈如齐逆女，还，六月，卒于戏阳[36]。殡于绛，未葬。晋侯饮酒，乐[37]。膳宰屠蒯趋入，请佐公使尊[38]。许之。而遂酌以饮工[39]，曰：「女为君耳，将司聪也[40]。辰在子卯[41]，谓之疾日[42]。君彻宴乐，学人舍业[43]，为疾故也。君之卿佐，是谓股肱。股肱或亏[44]，何痛如之？女弗闻而乐，是不聪也。」又饮外嬖嬖叔曰：「女为君目，将司明也。服以旌礼[45]，礼以行事，事有其物[46]，物有其容[47]。今君之容，非其物也[48]，而女不见，是不明也。」亦自饮也，曰：「味以行气[49]，气以实志[50]，志以定言[51]，言以出令。臣实司味，二御失官[52]，而君弗命[53]，臣之罪也。」公说，彻酒。

初，公欲废知氏而立其外嬖[54]，为是悛而止。秋八月，使荀跞佐下军以说焉[55]。

孟僖子如齐殷聘[56]，礼也。

冬，筑郎囿。书，时也。季平子欲其速成也，叔孙昭子曰：「《诗》曰：『经始勿亟，庶民子来[57]。』焉用速成？其以剿民也[58]。无囿犹可，无民，其可乎？」

【注释】

①实城父：实为城父。城父本陈地，即夷，僖公二十三年楚伐陈而取之。②益：增加。③甘人：指甘大夫襄。甘在今洛阳市西南。阎嘉：晋阎县大夫。④辞：责备。⑤自夏以后稷：在夏代因后稷之功。⑥魏、骀等：均为国名，以下同此，不再注明。⑦迩封：近封。⑧建母弟：封母弟以建国封土。⑨废队是为：为防止废坏坠落。⑩弁髦：黑布帽。一说弁为黑布帽；髦为儿童剪去的头发。敝：弃。⑪梼杌：四凶之一。四裔：四方边远之地。⑫允姓：阴戎之祖。⑬伯父：当时天子对同姓诸侯，无论生死，皆称伯父或叔父。⑭郊甸：邑外为郊，郊外为甸。⑮焉：于是。⑯封殖：缔造，创立。⑰制：割据。⑱原：通『源』。⑲专：专断。⑳何有余一人：言心中怎能有我这天子。㉑伯：同『霸』。㉒改物：改旧制。㉓翼戴：辅佐，拥戴。㉔暴灭：损害轻视。灭，亦作『蔑』。㉕侈：骄横。㉖直：有理。㉗姻丧：外亲之丧。㉘反颍俘：遣返攻颍时的俘虏。㉙宾滑：周大夫。㉚水属：隶属于水。㉛水妃：水的配偶。即水火相辅相成。㉜楚所相：楚国所主治。楚祖先祝融，为高辛氏火正，主治火事。㉝火出而火陈：大火星出现而陈有火灾。㉞妃以五成：此以阴阳五行而论，即天以一生水，地以二生火，天以三生木，地以四生金，天以五生土。五位以五而合，阴阳易位，故为妃以五成。㉟岁五及鹑火：岁星五年到达鹑火。㊱戏阳：其地在河南内黄县北。㊲乐：奏乐，用作动词。㊳佐公使尊：助公斟酒。㊴工：乐工。㊵司聪：主管使国君聪敏。㊶辰在子卯：日子在甲子、乙卯。甲子为商纣灭亡之日，乙卯为夏桀灭亡之日。㊷疾日：忌日。㊸学人舍业：学习音乐的人停止习乐。㊹亏：损。此指死。㊺旌礼：表示礼仪。㊻物：类。㊼容：外貌。㊽非其物：不是应有的类别。㊾味以行气：口味是用来使血气畅通。㊿实志：充实意志、精神。(51)定言：确定语言。(52)二御：指乐工及嬖叔。失官：失职。(53)弗命：不发命治罪。(54)知氏：知盈，荀盈。(55)说：自我解说。(56)殷：盛大。(57)经始勿亟，庶

民子来：句出《诗经·大雅·灵台》。意为营造开始不必急速，百姓像儿子一样踊跃而来。[58]剿：劳。

【译文】

九年春季，鲁国的叔弓、宋国的华亥、郑国的游吉、卫国的赵黡在陈地会见了楚灵王。

二月某日，楚国的公子弃疾把许国迁到夷地，实际上就是城父；并用州来、淮北的田地补偿给许国。伍举把田地授给了许男。然丹把城父的人迁到陈地，又把濮水以西的夷地补偿给城父，把方城山之外的人迁到了许国。

周王室的甘地人与晋国的阎嘉为阎地的田地争夺起来。晋国的梁丙、张趯率领阴戎攻打颍地。天子派詹桓伯责备晋国人：『在夏代，因为我们祖先后稷有功，魏、骀、芮、岐、毕五国被封为王室的西部领土；武王战胜商朝之后，蒲姑、商奄又成了东部领土；巴、濮、楚、邓四国是南部领土；肃慎、燕、亳是北部领土。因此王室哪有特别近的封地呢？文王、武王、成王、康王分封同母弟为诸侯，是为了在四周护卫王室，防止衰落和败坏。对待他们怎能像帽子和剪掉的头发一样随便就扔掉呢？先王派梼杌等四凶居住在四方边远的地区，就是要让他们抵御各种妖魔鬼怪，所以让阴戎的祖先允姓中的奸邪之人住在瓜州。伯父晋惠公从秦国回来后就引诱他们来到中原，威胁我姬姓诸国，并侵入王室近郊，从此戎人占领了这些地方。戎人占据中原，是谁的过错呢？后稷缔造了周朝的天下，如今却任由戎人四处横行，不令人感到头痛吗？希望伯父考虑一下。王室对伯父来说，就像衣服上的帽子、树木的根部、流水的源头、百姓的主人。假如伯父要撕毁帽子、拔掉树根、堵塞水源、专横地丢弃主人，即使戎狄也不会再把我这个天子放在眼里。』叔向对韩起说：『即使文公称霸诸侯时，也不曾改变过传统的礼制，而是辅佐和拥戴天子更加恭敬有礼。从文公以来，每一代的德行都有所衰减，损害和蔑视王室，炫耀自己的骄纵。这样，诸侯产生二心不也是应该的吗？而且天子的话也是很有道理的，您还是要考虑一下。』韩起表示赞成。此时天子的亲戚有了丧事，韩起派赵成到王室吊唁，同时献上阎地的田地和寿衣，把攻打颍地时抓获的俘虏也放了回去。天子派宾滑把甘地大夫襄抓了起来，以取得晋国的欢心，晋国人很有礼貌地把襄送回了王室。

夏季四月，陈地发生了火灾。郑国的裨灶说：『再过五年陈国将会再次受封，受封以后五十二年才被灭亡。』子产问是什么原因，裨灶回答说：『陈国属于水，火与水相配。楚国祖先是祝融，正好主管火事。现在大火星出现了，因此陈国发生了火灾，这表明是要赶走楚国人，重建陈国。阴阳五行都是用五相配，所以说是再过五年。岁星到达鹑火五次，陈国就会最后灭亡。楚国将其吞并，这是上天的安排，因此说是五十二年。』

晋国的荀盈到齐国迎娶齐女，返回时，于六月在戏阳去世。棺材停放在绛地，没有安葬。此时平公举行酒宴，并奏乐助兴。膳宰屠蒯快步走进去，请求为平公斟酒，平公答应了。随后他又给乐工斟了一杯酒说：『您作为国君的耳朵，职责就是让国君灵敏。甲子日和乙卯日是忌日，在这两天，国君不能饮宴奏乐，连学习音乐的人也要暂时停下来，就是为了避开禁忌。大臣是国君的股肱，股肱受到损伤，应该极为痛心。现在荀盈死了，你不告诉国君却仍然奏乐，您这个耳朵是不灵敏的。』他又给国君的宠臣嬖叔斟了一杯酒说：『您作为国君的眼睛，职责是让他眼睛明亮。服饰用以表示礼仪，礼仪用以行事，事情的性质各不相同，其外貌形态也多种多样。现在国君的表现很不正常，您却视而不见，您这个眼睛是不明亮的。』说完自己也喝了一杯，说：『味道可以使血气疏通，血气可以强化意志，意志可以表现为语言，语言可以发出命令。我负责调剂国君的口味，这两个负责耳朵和眼睛的人未能尽职尽责，国君却没有下令惩治他们，这是我的罪过。』听到这些，平公很高兴，当即下令撤除酒宴。

当初，平公准备废掉荀盈，代之以自己的宠臣，因为屠蒯的一番话而改变了主意。秋季八月，任命荀跞为下军副帅，以安抚他。

孟僖子到齐国进行了一次较为隆重的聘问，这是合乎礼的。

冬季，鲁国在郎地修建园林。《春秋》记载此事，说明这一活动不违农时。季平子想加快工程进度，叔孙昭子说：『《诗经》说：「开始修建并不急于完工，百姓却像儿子一样纷纷赶来帮忙。」何必为了加快进度使百姓过分疲劳呢？一个国家可以没有园林，但能够没有百姓吗？』

定　公

定公元年

传　元年春，王正月辛巳[1]，晋魏舒合诸侯之大夫于狄泉，将以城成周。魏子莅政。卫彪傒曰：『将建天子[2]，而易位以令，非义也。大事奸义[3]，必有大咎[4]。晋不失诸侯，魏子其不免乎。』是行也，魏献子属役于韩简子及原寿过[5]，而田于大陆[6]，焚焉[7]。还，卒于宁[8]。范献子去其柏椁[9]，以其未复命而田也。

孟懿子会城成周。庚寅[10]，栽[11]。宋仲几不受功[12]。曰：『滕、薛、郳，吾役也[13]。』薛宰曰：『宋为无道，绝我小国于周，以我适楚。故我常从宋。晋文公为践土之盟[14]，曰：「凡我同盟，各复旧职。」若从践土，若从宋，亦唯命。』

仲几曰：『践土固然[15]。』薛宰曰：『薛之皇祖奚仲，居薛以为夏车正[16]。奚仲迁于邳[17]，仲虺居薛[18]，以为汤左相。若复旧职，将承王官[19]，何故以役诸侯。』仲几曰：『三代各异物[20]，薛焉得有旧[21]？为宋役，亦其职也。』士弥牟曰：『晋之从政者新[22]，子姑受功。归，吾视诸故府[23]。』仲几曰：『纵子忘之，山川鬼神其忘诸乎？』士伯怒，谓韩简子曰：『薛征于人[24]，宋征于鬼，宋罪大矣。且己无辞而抑我以神[25]，诬我也。「启宠纳侮[26]」，其此之谓矣。必以仲几为戮[27]。』乃执仲几以归。三月，归诸京师。

城三旬而毕，乃归诸侯之戍。齐高张后，不从诸侯。晋女叔宽曰：『周苌弘、齐高张皆将不免。苌叔违天，高子违人。天之所坏，不可支也。众之所为，不可奸也。』

夏，叔孙成子逆公之丧于乾侯[28]。季孙曰：『子家子亟言于我，未尝不中吾志也。吾欲与之从政，子必止之[29]，且听命焉。』子家子不见叔孙，易几而哭[30]。叔孙请见子家子，子家子辞。曰：『羁未得见，而从君以出。君不命而薨，羁不敢见。』叔孙使告之曰：『公衍、公为实使群臣不得事君。若公子宋主社稷[31]，则群臣之愿也。凡从君出而可以入者，将唯子是听。子家氏未有后，季孙愿与子从政，此皆季孙之愿也，使不敢以告[32]。』对曰：『若立君，则有卿士、大夫与守龟在，羁弗敢知。若从君者，则貌而出者[33]，入可也。寇而出者[34]，行可也。若羁也[35]，则君知其出也，而未知其入也。羁将逃也。』丧及坏隤，公子宋先入，从公者皆自坏隤反[36]。

六月癸亥[37]，公之丧至自乾侯。戊辰[38]，公即位。季孙使役如阚公氏[39]，将沟焉[40]。荣驾鹅曰[41]：『生不能事，死又离之[42]，以自旌也[43]。纵子忍之[44]，后必或耻之。』乃止。季孙问于荣驾鹅曰：『吾欲为君谥[45]，使子孙知之。』对曰：『生弗能事，死又恶之，以自信也[46]。将焉用之？』乃止。

秋七月癸巳㊼，葬昭公于墓道南。孔子之为司寇也，沟而合诸墓㊽。

昭公出故，季平子祷于炀公㊾。九月，立炀宫㊿。

周巩简公弃其子弟(51)，而好用远人(52)。

【注释】

①辛巳：初七日。②建天子：为天子筑城。③奸义：违义。④大咎：大祸。⑤韩简子：即韩不信。原寿过：周大夫。⑥大陆：旧名吴泽陂。在今河南获嘉县西北。⑦焚：烧薮泽的草木便于田猎。⑧宁：地名，邻近吴泽。⑨柏椁：柏木外棺。⑩庚寅：十六日。⑪栽：夯土。⑫不受功：不接受工程任务。⑬吾役：为我服役。⑭践土之盟：在僖公二十八年。⑮固然：本来就是如此。⑯车正：官名。⑰邳：地名，在今江苏邳州市东北。⑱仲虺：奚仲后代。⑲王官：天子的官位。⑳异物：事情各不相同。㉑旧：旧时的章程。㉒新：刚上任。㉓故府：犹今之档案。㉔征：取证。㉕抑：施加压力。㉖启宠纳侮：给予宠爱反招来欺侮。㉗戮：辱，惩戒。㉘叔孙成子：叔孙婼之子。㉙止：留。㉚易几而哭：改变哭丧的时间。几，期。㉛公子宋：即昭公弟定公。㉜不敢：叔孙成子名。㉝貌：表面。㉞寇：寇仇，指与季氏结仇者。㉟若：至于。㊱坏隤：地名，在今山东曲阜市境内。㊲癸亥：二十一日。㊳戊辰：二十六日。㊴阚公氏：阚为鲁群公墓地名，又因为公墓所在，故称阚公氏。㊵沟：挖沟。用作动词。㊶荣驾鹅：即鲁大夫荣成伯。㊷离之：指将昭公墓和祖茔隔离。㊸自旌：自彰其恶。旌，表明。㊹忍：狠心。㊺谥：指恶谥。㊻自信：自我申明。信，同『申』。㊼癸巳：二十二日。㊽沟而合诸墓：即在昭公墓以外挖沟，扩大墓域，表示昭公墓与鲁先君之墓属同一兆域。㊾炀公：鲁先君考公酉之弟，名熙。考公卒，炀公继承兄位。季氏欲废公衍而立昭公之弟，效炀公嗣位故事，故祈祷于炀公。

㊿立炀宫：建炀公庙。季氏另建炀宫以表示兄终弟及，鲁有先例，并非自己私意。[51]巩简公：周卿士。[52]远人：异族。

【译文】

元年春季，周历正月七日，晋国的魏舒在狄泉会合了诸侯的大夫，准备为成周筑城。这项工程由魏舒全面负责。卫国的彪傒说：『为天子修建都城，却越位发号施令，不合道义。在如此重大的问题上违背了道义，必然会招致大祸。即使晋国勉强不失去诸侯，魏子恐怕也难免灾祸吧。』这次出来，魏舒把筑城的事情全权交给了韩不信和原寿过，自己则跑到大陆打猎去了，还放火烧了荒。回来时，行至宁地去世。范献子在办理魏舒的丧事时，撤去了柏木外棺，这是因为魏舒还没有回国复命就去打猎。

孟懿子前去参加成周筑城工程。十六日，开始夯土。宋国的仲几拒绝接受分配的施工任务，并说：『滕、薛、郳三国都应该替我们服役。』薛国的宰臣说：『从前宋国无道，使我们这个小国断绝了和王室的来往，带着我们去侍奉楚国，因此我们才常常顺从宋国。晋文公主持践土盟会时说：「凡我同盟国家，都恢复原来的地位。」是服从践土的盟约，还是服从宋国的命令，听凭晋国吩咐。』仲几说：『根据践土盟约，薛国仍然应为宋国服役。』宰臣说：『当初薛国的始祖奚仲住在薛地，担任夏朝的车正。后来奚仲迁移到邳地，仲虺住在薛地，担任汤的左相。如果要恢复原来的地位，薛国应该接受天子任命的官职，为什么要为诸侯服役呢？』仲几说：『夏、商、朝三代的情况各不相同，现在是周朝，薛国怎能比照前两朝的情况呢？为宋国服役，也是你们应尽的职责。』士弥牟说：『现在晋国换了新人主持这项工作，阁下暂且接受了任务，等我回去再查阅一下档案中的有关记载。』仲几说：『即使您忘了，山川鬼神也不会忘记啊！』士弥牟发火了，对韩简子说：『薛国以典籍旧事中的人为证，宋国则以山川鬼神为证，宋国真是罪大恶极；而且自己无理可讲，便用鬼神压我，这是对我国的欺骗。「开始宠信他，到头来反而受到他的侮辱。」大概说的就是这个道理。我一定要惩罚仲几。』便把仲几抓了起来带回晋国。三月，又把他送到京城。

筑城的工程历时三十天完成，诸侯的劳工各自回国。齐国的高张领人来得晚，进度没有赶上其他国家。晋国的女叔宽说：『周朝的苌弘和齐国的高张都将难免灾祸。苌弘违背了天意，高张推迟工期，违背了众人的意愿。上天要惩罚谁，无法挽救；众人想怎么做，谁也反对不了。』

夏季，叔孙成子前往乾侯迎接昭公的灵柩。季孙说：『子家子几次和我谈话，都很合我的心思。我打算让他和我一起执政，你一定要挽留他，并要听候他的安排。』子家懿伯不想见到叔孙成子，故意改变自己哭丧的时间。叔孙成子请求见他，他推辞说：『当初我跟随国君出逃时，不曾见到您；现在没有接到国君的命令，他就去世了，所以我也不敢见您。』叔孙成子派人告诉他：『实际上是公衍、公为让群臣不能侍奉国君。让公子宋主掌国家，是群臣的愿望。跟随国君外出的人中谁可以回国，都由您决定。子家氏还没有立下继承人，季孙希望与您共同主持国政。以上这些都是季孙的愿望，特地派我来向您报告。』懿伯说：『如果要立新君，必须和卿士及大夫们商议，并用守龟占卜，我不敢擅自发表意见。至于跟随国君出来的人，表面上随君出亡内心并不忠君的人可以回去，与季氏为敌的人可以离开鲁国。至于我，国君只知道我跟他出奔，并不知道我还会回国，所以我准备逃往他国。』灵柩运至坏隤时，昭公的弟弟公子宋已在此之前回国了，当初跟随昭公逃亡的人就从坏隤逃往国外了。

六月二十一日，昭公的灵柩从乾侯运至国都。二十六日，鲁定公即位。季平子派役卒到公室墓地阚公氏那里挖沟，使昭公的墓地和祖坟隔开。荣驾鹅说：『生前得不到侍奉，死后又让他的坟地和祖坟隔开，这不是自落恶名吗？即使您忍心这么做，日后也必定有人以此为耻辱。』平子这才改变了主意。他对荣驾鹅说：『我准备为先君取一个不好的谥号，以让子孙都知道他的过错。』荣驾鹅回答说：『生前不能侍奉他，死后又给他取一个恶谥，这不是故意表明自己厌恶他吗？有什么必要呢？』平子只好作罢。

秋季七月二十二日，把昭公安葬在墓道南侧。后来孔子出任鲁国司寇时，在昭公的坟墓之外挖了一条沟，使昭公墓和鲁国先君的坟墓连在了一起。

由于昭公出奔国外，季平子曾向炀公祈祷，并准备效仿他，立昭公的弟弟为君。于是，九月，建立了炀公庙。

周朝的卿士巩简公在用人上，排斥自己的亲属子弟，喜欢任用关系疏远的异族客卿。

定公二年

传 二年夏四月辛酉[1]，巩氏之群子弟贼简公[2]。

桐叛楚[3]，吴子使舒鸠氏诱楚人，曰：『以师临我，我伐桐，为我使之无忌[4]。』

秋，楚囊瓦伐吴，师于豫章。吴人见舟于豫章[5]，而潜师于巢。冬十月，吴军楚师于豫章[6]，败之。遂围巢，克之，获楚公子繁[7]。

邾庄公与夷射姑饮酒[8]，私出[9]。阍乞肉焉[10]，夺之杖以敲之。

【注释】

①辛酉：二十四日。②贼：杀害。③桐：古国名，世属于楚。在今安徽桐城市北。④忌：疑忌。⑤见：同『现』。⑥军：击。用作动词。⑦公子繁：守巢之大夫。⑧夷射姑：邾大夫。⑨私出：出去小便。⑩阍：守门人。

【译文】

二年夏季，四月二十四日，巩氏的子弟们联合起来杀了巩简公。

桐地人背叛了楚国。吴王派舒鸠氏前去诱骗楚国人，他对舒鸠人说：『你们让楚军逼近我国，我们去攻打桐地。这样就会消除楚国人对我们的戒心。』

秋季，楚国的囊瓦攻打吴国，军队在豫章集结待命。吴国人让战船在豫章露面，暗中则派兵围攻巢地。冬季十月，吴军在豫章攻击楚军，将其击败；随后又围攻巢地，将其攻陷，俘获了楚国的公子繁。

邾庄公和大夫夷射姑一起喝酒时，夷射姑出去小便。守门人向他要肉吃，他夺过棍子打了守门人一顿。

定公三年

传　三年春二月辛卯①，邾子在门台②，临廷③。阍以缾水沃廷④，邾子望见之，怒。阍曰：『夷射姑旋焉⑤。』命执之。弗得，滋怒，自投于床，废于炉炭⑥，烂⑦，遂卒。先葬以车五乘，殉五人。庄公卞急而好洁⑧，故及是。

秋九月。鲜虞人败晋师于平中⑨。获晋观虎，恃其勇也。

冬，盟于郯⑩，修邾好也。

蔡昭侯为两佩与两裘⑪，以如楚，献一佩一裘于昭王。昭王服之，以享蔡侯。蔡侯亦服其一。子常欲之⑫，弗与。三年止之⑬。唐成公如楚，有两肃爽马⑭，子常欲之，弗与，亦三年止之。唐人或相与谋，请代先从者，许之。饮先从者酒，醉之，窃马而献之子常。子常归唐侯。自拘于司败⑮，曰：『君以弄马之故⑯，隐君身⑰，弃国家，群臣请相夫人以偿马⑱，必如之。』唐侯曰：『寡人之过也，二三子无辱。』皆赏之。蔡人闻之，固请而献佩于子常。子常朝，见蔡侯之徒，命有司曰：『蔡君之久也，官不共也⑲。明日，礼不毕⑳，将死。』蔡侯归，及汉，执玉而沉，曰：『余所有济汉而南者㉑，有若大川。』蔡侯如晋，以其子元与其大夫之子为质焉，而请伐楚。

【注释】

①辛卯：二十九日。②门台：即门楼。③临廷：面对庭院。④沃：洒。⑤旋：小便。⑥废：堕。⑦烂：因烧伤而感染。⑧下急：躁急。⑨平中：地名，在今河北唐县西北。⑩郯：即拔，在今山东郯城县西南。⑪佩：玉佩。⑫子常：即令尹囊瓦。⑬三年止之：扣留了三年。⑭肃爽：骏马名。⑮自拘于司败：指窃马人自己到司法官那里拘禁起来。司败，即司寇。⑯弄：玩。⑰隐：被拘禁。隐有隐蔽之义，此为婉曲的说法。⑱夫人：养马人。⑲官不共：有司不供给馈赠饯别的礼品。⑳礼不毕：礼品不完备。㉑济汉而南：渡过汉水往南去。此言誓不再朝楚。

【译文】

三年春季，二月二十九日，邾庄公站在城门楼上，往庭院中瞭望。守门人正在院子里洒水。邾庄公看到后，非常生气。

守门人说：『夷射姑在这里小便了。』庄公下令把夷射姑抓起来，没有抓住。庄公更加愤怒，从床上跳了下来，不小心跳到燃烧的火炉上，烧烂了皮肉，不久就死了。在庄公下葬之前，先以五辆车和五个人殉葬。庄公因为急躁和喜欢干净，才导致这种后果。

秋季九月，鲜虞人在平中打败晋军，俘获了晋国的观虎。观虎的被俘完全是他恃勇轻敌造成的。

冬季，仲孙何忌和邾子在郯地结盟，重修和邾国的友好。

蔡昭侯制作了两块佩玉和两件皮衣到楚国，献给楚昭王一块佩玉、一件皮衣。昭王设宴招待昭侯，昭侯也穿一件皮衣、带一块佩玉。子常想向他要过来，但昭侯不给，于是子常把他扣押了三年。唐成公到楚国，去时带了两匹名为肃爽的骏马，子常也要，成公不给，也把他扣押了三年。唐人经过商议，请求派人到楚国替代随成公先去的侍从，楚国人同意了。于是他们来到楚国，和先来的侍从一起喝酒，把他们灌醉后，偷出马献给了子常，子常这才释放成公回国。偷马的人把自己捆起来，到唐国的司法官员那里请罪说：『国君因为玩弄马匹，使自己身陷囹圄，抛弃了国家。群臣请求帮助那个养马人来赔马，一定要找来两匹同样的好马。』成公说：『这是我的过错，你们几个不要再羞辱我了！』分别赏赐了他们。蔡国人听说此事后，也坚持请求昭侯，把佩玉献给了子常。子常上朝时，见到昭侯的侍从，便让官员告诉他们：『蔡君所以长期被扣留在楚国，就是因为你们不能进献礼品。如果明天再不准备好，就把你们处死。』蔡昭侯回国途中，到达汉水，把一块玉扔到水中发誓说：『我决不再南渡汉水朝见楚国，愿向河神发誓！』昭侯立即到晋国，用自己的儿子和大夫的儿子做人质，请求攻打楚国为其报仇。

定公四年

传　四年春三月，刘文公合诸侯于召陵，谋伐楚也。晋荀寅求货于蔡侯，弗得，言于范献子曰：『国家方危，诸侯方贰，将以袭敌，不亦难乎。水潦方降，疾疟方起，中山不服①，弃盟取怨，无损于楚，而失中山，不如辞蔡侯。吾自方城以来②，楚未可以得志，只取勤焉③。』乃辞蔡侯。

晋人假羽旄于郑④，郑人与之。明日，或旆以会⑤。晋于是乎失诸侯。

将会，卫子行敬子言于灵公曰⑥：『会同难⑦，啧有烦言⑧，莫之治也。其使祝佗从⑨。』公曰：『善。』乃使子鱼。子鱼辞，曰：『臣展四体⑩，以率旧职⑪，犹惧不给而烦刑书⑫，若又共二⑬，徼大罪也。且夫祝，社稷之常隶也⑭。社稷不动⑮，祝不出竟，官之制也。君以军行，祓社衅鼓，祝奉以从，于是乎出竟。若嘉好之事，君行师从，卿行旅从⑯，臣无事焉。』公曰：『行也。』

及皋鼬⑰，将长蔡于卫⑱。卫侯使祝佗私于苌弘曰：『闻诸道路，不知信否？若闻蔡将先卫，信乎？』苌弘曰：『信。蔡叔，康叔之兄也⑲，先卫，不亦可乎？』子鱼曰：『以先王观之，则尚德也。昔武王克商，成王定之，选建明德，以藩屏周。故周公相王室，以尹天下⑳，于周为睦㉑。分鲁公以大路、大旂，夏后氏之璜㉒，封父之繁弱㉓，殷民六族，条氏、徐氏、萧氏、索氏、长勺氏、尾勺氏，使帅其宗氏㉔，辑其分族㉕，将其丑类㉖，以法则周公，用即命于周。是使之职事于鲁，以昭周公之明德。分之土田陪敦㉗，祝、宗、卜、史，备物㉘、典策，官司、彝器。因商奄之民㉙，命以《伯禽》，而封于少皞之虚㉚。分康叔以大路、少帛㉛、綪茷㉜、旃旌、大吕㉝，殷民七族，陶氏、施氏、繁氏、锜氏、樊氏、饥氏、终葵氏，封畛土略，自武父以南，及圃田之北竟，取于有阎之土[34]，以共王职。取于相土之东都[35]，以会王之东蒐[36]。聃季授土[37]，陶叔授民[38]，命以《康诰》[39]，而封于殷虚[40]，皆启以商政[41]，疆以周索[42]。分唐叔以大路、密须之鼓[43]、阙巩[44]、沽洗[45]，怀姓九宗[46]，职官五正。命以《唐诰》[47]，而封于夏虚[48]，启以夏政，疆以戎索。三者皆叔也[49]。而有令德，故昭之以分物[50]。不然，文、武、成、康之伯犹多[51]，而不获是分也，唯不尚年也[52]。管蔡启商[53]，惎间王室[54]。王于是乎杀管叔而蔡蔡叔[55]，以车七乘，徒七十人。其子蔡仲，改行帅德[56]，周公举之，以为己卿士。见诸王而命之以蔡[57]，其命书云：「王曰，胡[58]，无若尔考之违王命也[59]。」若之何其使蔡先卫也？武王之母弟八人，周公为大宰，康叔为司寇，聃季为司空，五叔无官[60]，岂尚年哉！曹，文之昭也[61]；晋，武之穆也[62]。曹为伯甸[63]，非尚年也[64]。今将尚之，是反先王也。晋文公为践土之盟。卫成公不在，夷叔，其母弟也，犹先蔡。其载书云：「王若曰：晋重、鲁申、卫武、蔡甲午、郑捷、齐潘、宋王臣、莒期[65]。」藏在周府，可覆视也。吾子欲复文、武之略[66]，而不正其德，将如之何？』苌弘说，告刘子，与范献子谋之，乃长卫侯于盟[67]。

反自召陵，郑子大叔未至而卒。晋赵简子为之临[68]，甚哀，曰：『黄父之会[69]，夫子语我九言，曰：「无始乱，无怙富，无恃宠，无违同[70]，无敖礼[71]，无骄能[72]，无复怒[73]，无谋非德，无犯非义。」』

沈人不会于召陵，晋人使蔡伐之。夏，蔡灭沈。

秋，楚为沈故，围蔡。伍员为吴行人以谋楚。

楚之杀郤宛也，伯氏之族出。伯州犁之孙嚭，为吴大宰以谋楚。楚自昭王即位，无岁不有吴师。蔡侯因之，以其子乾与其大夫之子为质于吴。

冬，蔡侯、吴子、唐侯伐楚。舍舟于淮汭，自豫章与楚夹汉。左司马戌谓子常曰：『子沿汉而与之上下[74]，我悉方城外以毁其舟，还塞大隧、直辕、冥阨[75]，子济汉而伐之，我自后击之，必大败之。』即谋而行。武城黑谓子常曰[76]：『吴用木也，我用革也[77]，不可久也。不如速战。』史皇谓子常[78]：『楚人恶子而好司马[79]，若司马毁吴舟于淮，塞城口而入[80]，是独克吴也。子必速战，不然不免。』乃济汉而陈，自小别至于大别[81]。三战，子常知不可，欲奔。史皇曰：『安求其事[82]，难而逃之，将何所入？子必死之，初罪必尽说[83]。』

十一月庚午[84]，二师陈于柏举[85]。阖闾之弟夫概王，晨请于阖闾曰：『楚瓦不仁[86]，其臣莫有死志，先伐之，其卒必奔。而后大师继之，必克。』弗许。夫概王曰：『所谓「臣义而行，不待命者」，其此之谓也。今日我死，楚可入也。』以其属五千，先击子常之卒。子常之卒奔，楚师乱，吴师大败之。子常奔郑。史皇以其乘广死[87]。

吴从楚师，及清发[88]，将击之。夫概王曰：『困兽犹斗，况人乎？若知不免而致死，必败我。若使先济者知免，后者慕之，蔑有斗心矣，半济而后可击也[89]。』从之。又败之。楚人为食，吴人及之，奔，食而从之[90]。败诸雍澨[91]，五战及郢。

己卯[92]，楚子取其妹季芈畀我以出，涉睢[93]。鍼尹固与王同舟，王使执燧象以奔吴师[94]。

庚辰[95]，吴入郢，以班处宫[96]。子山处令尹之宫[97]，夫概王欲攻之，惧而去之，夫概王入之。

左司马戌及息而还[98]，败吴师于雍澨，伤。初，司马臣阖闾，故耻为禽焉[99]。谓其臣曰：『谁能免吾首[100]？』吴句卑曰：『臣贱，可乎？』司马曰：『我实失子[101]，可哉。』三战皆伤，曰：『吾不可用也已。』句卑布裳[102]，到而裹之[103]，藏其身而以其首免。

楚子涉睢，济江，入于云中[104]。王寝，盗攻之，以戈击王。王孙由于以背受之，中肩。王奔郧[105]。钟建负季芈以从[106]。由于徐苏而从[107]。郧公辛之弟怀将弑王[108]，曰：『平王杀吾父，我杀其子，不亦可乎！』辛曰：『君讨臣，谁敢仇之？君命，天也，若死天命，将谁仇？《诗》曰[109]：「柔亦不茹，刚亦不吐。不侮矜寡，不畏强御。」唯仁者能之。违强陵弱[110]，非勇也。乘人之约[111]，非仁也。灭宗废祀[112]，非孝也。动无令名，非知也。必犯是，余将杀女。』斗辛与其弟巢以王奔随。吴人从之，谓随人曰：『周之子孙在汉川者，楚实尽之。天诱其衷，致罚于楚，而君又窜之[113]，周室何罪？君若顾报周室，施及寡人，以奖天衷[114]，君之惠也。汉阳之田，君实有之。』楚子在公宫之北，吴人在其南。子期似王[115]，逃王[116]，而己为王[117]，曰：『以我与之，王必免。』随人卜与之，不吉。乃辞吴曰：『以随之辟小而密迩于楚[118]，楚实存之，世有盟誓，至于今未改。若难而弃之，何以事君？执事之患，不唯一人。若鸠楚竟[119]，敢不听命。』吴人乃退。鑢金初宦于子期氏[120]，实与随人要言[121]。王使见，辞，曰：『不敢以约为利。』王割子期之心[122]，以与随人盟。

初，伍员与申包胥友。其亡也，谓申包胥曰：『我必复楚国[123]。』申包胥曰：『勉之。子能复之，我必能兴之。』及昭王在随，申包胥如秦乞师，曰：『吴为封豕、长蛇，以荐食上国[124]。虐始于楚，寡君失守社稷，越在草莽。使下臣告急，曰，夷德无厌[125]。若邻于君，疆埸之患也。逮吴之未定，君其取分焉[126]。若楚之遂亡，君之土也。若以君灵抚之[127]，世以事君。』秦伯使辞焉，曰：『寡人闻命矣，子姑就馆，将图而告。』对曰：『寡君越在草莽，未获所伏[128]。下臣何敢即安？』立，依于庭墙而哭，日夜不绝声，勺饮不入口七日[129]。秦哀公为之赋《无衣》[130]，九顿首而坐，秦师乃出。

【注释】

①中山：即鲜虞，战国时为中山国。②方城：晋楚方城之战在襄公十六年。③只取勤：仅劳师费财。④假羽旄：借羽毛。⑤旆：将羽毛装饰在旗杆上。⑥子行敬子：卫大夫。⑦会同难：朝会难于协同。⑧啧有烦言：意为互相怨争而言论不一致。⑨祝佗：太祝子鱼。⑩展四体：从事工作，即动手跑腿。⑪率旧职：承袭先人的职责。⑫不给：不能尽职。烦刑书：触犯刑律。⑬共二：供奉第二种职务。⑭隶：贱臣。⑮社稷：土地神和谷神。⑯师、旅：二千五百人为师，五百人为旅。⑰皋鼬：地名，在今河南临颍县南。⑱长蔡于卫：使蔡先于卫歃血。⑲蔡叔、康叔：蔡叔为蔡国始封君，康叔为卫国始封君。⑳尹：治。㉑睦：亲厚。㉒璜：半圆形玉璧。㉓封父：国名，其地在今河南封丘县。繁弱：古时良弓名。㉔宗氏：大宗，即嫡长房之族。㉕分族：其余小宗之族。㉖丑类：附属此六族的奴隶。㉗陪敦：附庸。㉘备物：服用之物。㉙商奄：国名，在今曲阜市境。㉚少皞之虚：即曲阜，虚，同『墟』。㉛少帛：即小白，旗名。㉜綪茷、旃旌：均为旗名。㉝大吕：钟名。㉞有阎：卫所受朝宿邑，在京畿附近。㉟相土之东都：即今河南商丘市，一说为今河南濮阳县。相土，殷商之祖。㊱东蒐：往东巡狩。㊲聃季：周公弟，司空。㊳陶叔：疑即曹叔振铎，司徒。㊴《康诰》：《周书》篇名。㊵殷虚：朝歌，今河南淇县。㊶皆启以商政：鲁、卫都沿袭商代的政事。㊷疆以周索：按照周朝的制度划疆理土。㊸密须：国名，在今甘肃灵台县西。㊹阙巩：指代铠甲。㊺沽洗：亦作姑洗，钟名。㊻怀姓：即隗国，指晋西北诸族。㊼《唐诰》：《诰命》篇名。㊽夏虚：在今山西太原市一带。㊾三者皆叔：三者指周公、康叔、唐叔。或为武王之弟，或为成王之弟。㊿昭之以分物：用分赐东西显扬他们的德行。(51)伯：兄。(52)不尚年：不崇尚年龄。(53)启商：引诱商人。(54)惎间：谋犯。(55)蔡：放逐。(56)改行帅德：改变行为遵循善德。

帅，同『率』，循。(57)命之以蔡：任命做蔡侯。(58)胡：蔡仲名。(59)尔考：你的父亲。(60)五叔：指管叔、蔡叔、成叔、曹叔、霍叔。(61)曹，文之昭：曹国是文王的后代。曹叔为文王之子，周公异母弟。(62)晋，武之穆：晋国是武王的后代。晋始封君唐叔为周武王之子。(63)伯甸：以伯爵居甸服。(64)非尚年：曹叔长于唐叔虞，而封地远，故云不崇尚年龄。(65)晋重：晋国重耳。以下皆为各国君主名，省略一字，为避讳之故。(66)略：规章。(67)长：先。(68)临：吊丧。(69)黄父之会：在昭公二十五年。(70)违同：违背共同的意愿。(71)敖礼：傲视有礼之人。敖，同『傲』。(72)骄能：因有能而骄。(73)复怒：二次发怒。(74)与之上下：与吴军周旋，勿使渡过汉水。(75)大隧、直辕、冥阨：汉东三隘道，即今豫鄂交界三关。东为九里关，即大隧；中为武胜关，即直辕；西为平靖关，即冥阨。(76)武城黑：楚武城大夫。武城，今河南宣城市东北。(77)用木、用革：指战车。吴战车纯以木制成。楚战车蒙以皮革，用胶黏结，故不耐雨湿。(78)史皇：楚大夫。(79)司马：沈尹戌。(80)城口：三隘道的总称。(81)小别、大别：二山名。(82)安，求其事：平安时，争着执掌政事。(83)尽说：全部解除。说，通『脱』。(84)庚午：十八日。(85)柏举：地名，在今湖北麻城东北。(86)瓦：子常名。(87)乘广：楚王或主帅所乘的兵车。(88)清发：水名，为溳水支流，在今湖北安陆市境。(89)半济：渡过一半。(90)食而从之：吃了楚军做的饭又追赶。(91)雍澨：地名，在今湖北京山境内。(92)己卯：十一月二十七日。(93)睢：水名，即今沮水，当在今枝江市东北。(94)执燧象：烧火燧系于象尾。(95)庚辰：二十八日。(96)以班处宫：按尊卑班次居于宫室。(97)子山：吴王之子。(98)息：楚地，在今河南息县西南。(99)禽：通『擒』。(100)免吾首：谓不使吴人得我尸首。(101)失子：即不知你贤能。(102)布裳：展开下衣。(103)到：割其首。(104)云中：即云梦泽。(105)郧：今湖北京山市、安陆市一带。(106)钟建：楚大夫。(107)徐苏：慢慢苏醒过来。(108)郧公辛：蔓成然之子斗辛。(109)《诗》曰：以下四句出自《大雅·烝民》篇。意为不欺弱者，不畏强者。茹，食，吞。矜，同『鳏』。

⑩违强：避强。⑪约：危难。⑫灭宗废祀：弑君之罪应灭宗。⑬窜：藏匿。⑭以奖天衷：以助成天意。⑮子期：楚昭王之兄公子结。⑯逃王：让楚王逃走。⑰为王：着楚王衣饰。⑱辟：同『僻』。⑲鸠：安。⑳鑢金：子期家臣。㉑要言：约言。㉒割子期之心：割破子期胸部取血。㉓复：借为『覆』，倾覆。㉔荐食上国：一再吞食中原诸国。荐，数。㉕夷德：夷人的心性。㉖取分：与吴共分楚地。㉗抚：存恤。㉘伏：居处。㉙勺饮：一勺水。㉚《无衣》：《诗经·秦风》篇名，义取『王于兴师，修我戈矛，与子同仇』句，表示将出师救楚。

【译文】

四年春季三月，刘文公在召陵会合诸侯，谋划攻打楚国。晋国的荀寅向蔡侯索取财物，没能得到，便对范献子说：『目前国家正处于危急时刻，诸侯对我们也都有了二心，这时攻打和我们势均力敌的楚国，不很难成功吗！现在阴雨连绵，疟疾流行，鲜虞人又不顺从，破坏盟约招致怨恨，对楚国不会造成损害，却会失去鲜虞，不如拒绝蔡侯的请求。自从方城一战，我们一直没有能够在楚国身上满足过心愿，现在这么做也只能是白白地劳民伤财。』于是晋国拒绝了蔡侯。

晋国人向郑国人借用羽毛装饰旌旗，郑国人给了他们。第二天，晋国就打着这面旗子去参加盟会。从此晋国失去了诸侯的拥护。

盟会开始前，卫国的子行敬子对卫灵公说：『这次会盟难以取得一致意见，必然是互相争论各有分歧，谁也说服不了谁。希望能派祝佗和我一同前往。』灵公说：『好吧。』便让祝佗前去参加盟会，祝佗推辞说：『我使尽全力来办理分内的事情，尚且担心做不好而犯下罪过。如果再委派我一项工作，恐怕更会招致大罪了。再说祝史是国家一刻也离不了的官员，社稷的神灵不出动，祝史就不能走出国境，这是传统的官制。假如国君领兵出发，祭祀社神，杀牲衅鼓，祝史奉社神而行。这时才能走出国境。至于朝会之事，国君出动有两千五百人随从，卿出动有五百人随从，还用得着我去吗？』灵公说：『你还是去吧。』

他们行至皋鼬时，听说会盟时准备让蔡国在卫国之前歃血。卫灵公派祝佗私下对苌弘说：『我们在来的路上听说这个消息，不知是真是假？』苌弘说：『是真的。蔡国始祖蔡叔是卫国始祖康叔的哥哥，把蔡国安排在卫国前面，难道不可以吗？』祝佗说：『从先王的用人标准来看，是崇尚德行。从前武王战胜了商朝，成王安定了天下，然后便选拔分封有德行的贤人，作为周朝的屏障。因此周公得以辅佐王室，治理天下，诸侯和周朝也都和睦相处。赐给鲁公金车、龙旗、夏后氏的璜玉、封父的繁弱弓，以及殷朝的六个家族条氏、徐氏、萧氏、索氏、长勺氏、尾勺氏，并让这六族率领大宗，集合小宗，带着所属的奴隶，放弃殷商的法令，顺从周公的法制，归服周朝听从命令。这是为了让他们到鲁国做事效力，以宣扬周公的德行。还分给鲁国土田和附庸国，以及太祝、宗人、太卜、太史，还有各种器物、典籍简册、百官、祭器，以商奄之地的百姓为基础，颁布了《伯禽》这篇诰命，把他封在少皞的故城。赐给康叔金车、白旗、红旗、杂色旗、大吕钟，以及殷朝的七个家族陶氏、施氏、繁氏、锜氏、樊氏、饥氏、终葵氏。分封的土地从武父以南直到圃田的北境，并把有阎的土地也送给他以让其在王室供职，还把相土的东都送给他以让其协助天子在东方的巡视。聃季也送给他土地，陶叔送给他百姓，颁布了《康诰》，把他封在殷朝的故城。鲁公和康叔开始都是沿用殷朝的政治制度，但治理土地边疆都采用周朝的制度。赐给唐叔金车、密须国的鼓、阙巩国的甲、沽洗钟，以及怀姓的九个宗族、五正的职官，颁布了《唐诰》，把他封在夏朝的故城。唐叔开始沿用夏朝的政治制度，治理疆土则是依照戎人的制度。这三个人都是武王的弟弟，都有美好的德行，所以分赐他们很多东西，以宣扬其德行。如果不是出于这一原因，文王、武王、成王、康王的儿子中年长的还有很多，为什么得不到赏赐和分封呢？就是因为天子崇尚德行而不看重年龄。管叔、蔡叔煽动商朝遗民发动叛乱，企图谋犯王室。天子因此杀了管叔放逐了蔡叔，只给了蔡叔七辆车子，七十个随从。蔡叔的儿子蔡仲改恶从善，周公提拔他为自己的卿士，并让他晋见天子，天子命他为蔡侯。任命书上说：「天子说：胡，不要像你父亲那样违抗天子的命令！为什么要把蔡国安排在前面呢？武王的同母弟弟有八个，周公做了太宰，康叔做了司寇，聃季做了司空，其他五叔都没有任何官职，难道是崇尚年龄吗？曹国的先祖是文王的儿子，晋国的先祖是武王的儿子，而曹国身为伯爵只是做了甸服，这也不是看重年龄。现在要改变传统做法，崇尚年龄，就是违反了先王的制度。当初晋文公召集践土盟会时，卫成公没有参加，代表他参加的是他的同母弟弟夷叔，尚且排在蔡国之前。当时盟书上说：「晋国重耳、鲁国申、卫国叔武、蔡国甲午、郑国捷、齐国潘、宋国王臣、莒国期。」这一盟书保存在王室的府库中可以查阅。阁下想恢复发扬文王、武王的法度，却不修正自己的德行，怎么行呢？』苌弘很高兴，又告诉了刘子，和范献子一同商量之后，决定让卫灵公在前面歃血盟誓。

从召陵盟会上回来，郑国的游吉还没有回国就去世了。晋国的赵鞅前往吊唁，非常悲哀地说：『黄父那次会盟时，您曾对我说过九句话：「不可发动祸乱，不可仗恃富有，不可仗恃宠信，不可违背众人意愿，不可傲视礼，不可自负有才能，不可多次发怒，不可谋划不合道德之事，不可去做不义之事。」』

因为沈国没有派人参加召陵会盟，晋国人便让蔡国前去攻打。夏季，蔡国灭亡了沈国。

秋季，楚国因为沈国被灭而发兵围攻蔡国。伍子胥作为吴国的外交官员谋划对付楚国。

楚国杀死郤宛时，郤宛的党羽伯氏的族人都逃出了楚国。伯州犁的孙子伯嚭担任吴国的太宰也策划对付楚国。自楚昭王即位后，楚国没有一年不遭到吴军进攻。蔡侯利用这个机会，把儿子乾和大夫们的儿子送到吴国做人质，以求吴国攻打楚国。

冬季，蔡侯、吴王、唐侯一同出兵攻打楚国。吴军把战船停在淮河口，从豫章与楚军隔汉水相对。楚国左司马戌对令尹子常说：『您沿着汉水的上下游和他们周旋，我率领方城以外的全部军队去毁掉他们的战船，用以堵塞大隧、直辕、冥阨三处险要通道。然后您便渡过汉水发起攻击，我领兵从后面夹击，一定能把他们打败。』商议妥当后便分头行动。武城黑对子常说：『吴国是木制战车，我们在战车上蒙上了一层皮革，作战不宜太久，不如速战速决。』史皇对子常说：『楚国人讨厌您而喜欢司马戌。如果他在淮水上毁掉了吴国战船，并封锁了那三处要道而回，就等于他一个人战胜了吴国。所以您必须速战速决，不然的话，难免灾祸。』子常渡过汉水摆开阵势，一直从小别山绵延到大别山。一连交战三次，子常知道无法打败吴军，便打算逃走。史皇劝他说：『和平时期，您想着执掌大权，发生了战争，却要溜之大吉，能逃到哪里去呢？您一定要拼死一战，这样当初的一切罪过都可以全部免除。』

十一月十八日，吴、楚两军在柏举摆开阵势。阖庐的弟弟夫概王早晨向阖庐请示：『楚国的子常不讲仁爱，其臣子没有人会拼死作战。如果先攻打他，他的士兵必然奔逃。然后派大军跟上，就一定能战胜他们。』吴王不同意这么做。夫概王说『人们所说的「只要所作所为合于道义，为臣不必等待命令」，大概就是这种情况。现在我决心拼死一战，完全可以攻进楚国的郢都。』就率领他的部属五千人首先进攻子常的士兵。子常的士兵顿时四散奔逃，楚军开始大乱，结果吴军大败楚军。子常逃到郑国，史皇在子常的车上战死。

吴军追击楚军，来到清发，准备再次发动攻击。夫概王说：『被围困的野兽尚且要垂死挣扎，更何况是人呢？假如让他们知道怎样都难免一死，必然会把我们打败。假如让先渡过河去的人得以逃生，后面的人必然争相渡河逃命，这样就没有斗志了。等他们一半人渡过河时就可以发动攻击了。』吴王听从了这一建议，果然又一次大败楚军。楚国人渡过河之后正挖灶做饭，不料吴军赶到，楚军顾不上吃饭急忙奔逃。吴军吃了楚军做的饭之后又继续追赶，在雍澨将其打败。经过五次激烈战斗，吴军深入到楚国郢都。

十一月二十七日，楚昭王带了他的妹妹季芈畀我逃出郢都，渡过睢水。鍼尹固和昭王同乘一条船。昭王让他把点燃的火把系在大象的尾巴上，让大象冲向吴军。

二十八日，吴军开进郢都，按照职位高低分别住在相应的宫室里。子山住进令尹的宫室，夫概王准备攻打将其赶走，子山害怕了，连忙让了出来，夫概王便住了进去。

楚国的司马戌行至息地，就折了回来，在雍澨将吴军打败，自己也身负重伤。当初，司马戌曾在吴国做过阖庐的臣子，因此对成为吴军俘虏感到很耻辱，便对部下说：『我死后，你们谁保证我的脑袋不落入吴军之手呢？』吴句卑说：『我地位低下，能不能胜任呢？』司马说：『可惜我以前竟然没有重用你，你当然可以。』三次战斗，司马都负了伤。他说：『我已经不行了。』不久就死了，句卑把自己的衣服铺在地上，把司马的脑袋割下来包好，并把他的身子隐藏起来，然后便带着司马的脑袋逃走了。

楚昭王渡过睢水，过了长江，进入云梦泽。有一天昭王正在睡觉，遇到一伙土匪袭击。土匪用戈刺杀昭王，王孙由于连忙用背挡了上去，结果被砍在肩上。昭王逃到郧地，钟建背着季芈跟在后面，由于苏醒之后也赶了上去。郧公辛的弟弟准备杀了昭王，他说：『当初平王杀了我的父亲，现在我杀他的儿子，难道不可以吗？』郧公辛说：『国君讨伐臣子，谁敢怀恨在心呢？国君的命令就是天意。如果死于上天的命令，你能仇恨谁？《诗经》说：「不侮辱软弱，不躲避刚强，不欺鳏寡，不畏强暴。」只有仁慈的人才能做到这一点。逃避强暴欺凌弱者，不能算是勇敢；乘人之危，不能算是仁慈；杀害国君招致灭族之祸，不能算是孝道；一举一动不能落得美名，不能算是聪明。你如果一定要杀害国君，我就杀了你。』郧公辛和他的弟弟巢护送昭王逃到了随地。吴国人追了上去，对随国人说：『周朝子孙住在汉水一带的，都被楚国灭亡了。现在上天帮助王室，要惩罚楚国，而贵国国君却把楚王隐藏了起来，王室哪里得罪了你们？贵君如果要报答周朝，就希望能帮助我以执行上天的意志，如果这样，就是贵君的恩惠了。汉水以北土地，都可以归贵国所有。』当时昭王在随君宫室的北边，吴军在南边。昭王的哥哥子期长得酷似昭王，他让昭王逃跑，自己穿上昭王的衣服，说：『把我交给吴军，国君就一定能免于被俘。』随国人占卜，结果这样做并不吉利。于是随国人对吴军说：『我们随国地处偏僻又很弱小，距楚国很近，只能依靠楚国存在。而且两国世代都订有盟约，至今也不曾改变过。如果楚国遇到祸难，我们就抛弃他们，又怎么能侍奉贵君？贵君的忧患并不只是楚王一人。如果你们征服并安定了整个楚国，那么我们就听从你们的命令。』吴国人便撤退了。鑢金这个人当初曾做过子期的家臣，实际上这次是他与随国人商议不要把昭王交给吴国人。事后昭王打算接见他，但他辞谢了，说：『我不敢趁国君处于困境而谋求个人私利。』昭王把子期胸部的皮肤割破，取出血和随国人结了盟。

当初，伍子胥和申包胥关系很好。他逃亡时对申包胥说：『我一定要使楚国灭亡。』申包胥说：『那你就尽力去做吧！你能灭亡它，我就一定要使它复兴。』等到昭王逃到随国，申包胥便到秦国请求援兵。他说：『吴国就像野猪和毒蛇，多次侵伐中原诸国，最先危害楚国。现在寡君失去了家，流落在乡间荒野，特派下臣前来告急说：夷狄之人的贪心没有满足的时候，如果他们占有了楚国，成为贵国的邻邦，就势必成为贵国边境上的一大祸患。国君何不趁吴国人还未站稳脚跟，就发兵入楚，与吴国人平分楚国呢？如果让楚国灭亡，甘愿成为贵国领土。如果仰赖国君的洪福，拯救楚国不致灭亡的话，楚国将世世代代侍奉国君。』秦哀公派人拒绝了申包胥的请求，对他说：『我知道了您的意思。您暂且住在旅馆里，等我们商议之后再告诉您。』申包胥回答说：『寡君流亡在乡间荒野，没有安身之处，我怎么敢贪图安逸呢？』于是就站在院墙底下大哭起来，哭声日夜不停，一连七天一滴水都不喝。哀公非常感动，为他吟诵了《无衣》这首诗。申包胥听到之后，一连叩了九次头才坐下，随后秦军便出动了。

哀　公

哀公元年

传　元年春，楚子围蔡，报柏举也。里而栽[1]，广丈，高倍。夫屯昼夜九日[2]，如子西之素[3]。蔡人男女以辨[4]，使疆于江、汝之间而还[5]。蔡于是乎请迁于吴。

吴王夫差败越于夫椒[6]，报槜李也。遂入越。越子以甲楯五千，保于会稽[7]。使大夫种因吴大宰嚭以行成[8]，吴子将许之。伍员曰：『不可。臣闻之树德莫如滋，去疾莫如尽。昔有过浇杀斟灌以伐斟鄩[9]，灭夏后相[10]。后缗方娠[11]，逃出自窦[12]，归于有仍，生少康焉[13]，为仍牧正[14]。惎浇[15]，能戒之。浇使椒求之[16]，逃奔有虞[17]，为之庖正[18]，以除其害[19]。虞思于是妻之以二姚[20]，而邑诸纶[21]。有田一成[22]，有众一旅[23]，能布其德，而兆其谋[24]，以收夏众，抚其官职。使女艾谍浇[25]，使季杼诱豷[26]，遂灭过、戈[27]，复禹之绩。祀夏配天，不失旧物[28]。今吴不如过，而越大于少康，或将丰之[29]，不亦难乎？句践能亲而务施[30]。施不失人，亲不弃劳，与我同壤而世为仇雠，于是乎克而弗取，将又存之，违天而长寇仇[31]，后虽悔之，不可食已[32]。姬之衰也[33]，日可俟也[34]。介在蛮夷，而长寇仇，以是求伯[35]，必不行矣。』弗听。退而告人曰：『越十年生聚[36]，而十年教训[37]，二十年之外，吴其为沼乎[38]！』三月，越及吴平。吴入越，不书，吴不告庆[39]，越不告败也。

夏四月，齐侯、卫侯救邯郸，围五鹿[40]。

吴之入楚也，使召陈怀公。怀公朝国人而问焉，曰：『欲与楚者右，欲与吴者左。陈人从田[41]，无田从党[42]。』逢滑当公而进[43]，曰：『臣闻国之兴也以福，其亡也以祸。今吴未有福，楚未有祸。楚未可弃，吴未可从。而晋，盟主也，若以晋辞吴，若何？』公曰：『国胜君亡，非祸而何？』对曰：『国之有是多矣，何必不复。小国犹复，况大国乎？臣闻国之兴也，视民如伤，是其福也。其亡也，以民为土芥[44]，是其祸也。楚虽无德，亦不艾杀其民[45]。吴日敝于兵[46]，暴骨如莽[47]，而未见德焉。天其或者正训楚也！祸之适吴，其何日之有[48]？』陈侯从之。及夫差克越，及修先君之怨。秋八月，吴侵陈，修旧怨也。

齐侯、卫侯会于乾侯，救范氏也。师及齐师、卫孔圉、鲜虞人伐晋，取棘蒲[49]。

吴师在陈，楚大夫皆惧，曰：『阖闾惟能用其民，以败我于柏举。今闻其嗣又甚焉。将若之何？』子西曰：『二三子恤不相睦，无患吴矣。昔阖闾食不二味[50]，居不重席[51]，室不崇坛[52]，器不彤镂[53]，宫室不观[54]，舟车不饰，衣服财用，择不取费[55]。在国，天有灾疠[56]，亲巡孤寡，而共其乏困。在军，熟食者分[57]，而后敢食。其所尝者，卒乘与焉[58]。勤恤其民而与之劳逸，是以民不罢劳，死知不旷[59]。吾先大夫子常易之[60]，所以败我也。今闻夫差次有台榭陂池焉[61]，宿有妃嫱嫔御焉[62]。一日之行，所欲必成，玩好必从。珍异是聚，观乐是务[63]，视民如仇，而用之日新[64]。夫先自败也已，安能败我？』

冬十一月，晋赵鞅伐朝歌。

【注释】

①里而栽：离蔡都城一里构筑堡垒。②夫屯昼夜九日：役夫屯驻九昼夜。③素：预定计划。④男女以辨：男女分别排列捆缚而出降。⑤江、汝之间：长江之北，汝水之南。⑥夫椒：越地，在今浙江绍兴县北。⑦保于会稽：守住会稽。会稽，即会稽山，在今浙江绍兴县东南。⑧种：文种，字禽，楚国南郢人。⑨有过浇：据襄公四年传，寒浞杀羿，因其室而生浇，处浇于过。故此谓有过浇，详见襄公四年传注。斟灌、斟鄩：皆部落名。⑩夏后相：夏代国君，夏启之孙，名相。后相失国，依于二斟，复为浇所灭。⑪后缗：后相妻，有仍氏女。⑫窦：城墙洞。⑬少康：后缗遗腹子，夏代中兴帝王。⑭牧正：牧官之长。⑮惎：心怀仇恨。⑯椒：浇臣。⑰有虞：部落名，虞舜之后。⑱庖正：掌饮食之官。⑲以除其害：以免除浇的危害。⑳虞思：有虞酋长名，姚姓，以二女妻少康。㉑纶：地名，在今河南虞

城县东南。㉒成：方十里为成。㉓旅：五百人为旅。㉔兆其谋：开始谋划复国计划。兆，始。㉕使女艾谍浇：让女艾打入浇处做间谍。女艾，少康臣。㉖季杼：少康之子。豷：浇弟。㉗过：浇之国名。戈：豷之国名。㉘旧物：原来的天下。㉙丰：壮大。㉚句践：越君，即勾践。㉛长寇仇：使仇敌增强壮大。㉜不可食：吃不消。㉝姬：吴姓，此指吴国。㉞日可俟：计日可待。㉟伯：霸主。㊱生聚：生息积聚。㊲教训：教育训练。㊳沼：池沼。谓吴国将荡然无存。㊴庆：胜利。㊵五鹿：晋邑。㊶从田：根据田地的方位而分立左右，即田在东者居左，为吴；田在西者居右，为楚。㊷从党：附亲族而立。㊸当公：不左不右。㊹土芥：粪土草芥。㊺艾：同『刈』。㊻日敝于兵：每日都疲敝于战事。㊼莽：草。㊽何日之有：言日子不多。㊾棘蒲：晋地，在今河北赵县境。㊿食不二味：吃饭不备二样菜。(51)居不重席：坐下不铺二层席。(52)室不崇坛：房屋不建在高坛上。(53)器不形楼：器物不加雕饰。(54)不观：不筑楼台亭阁。(55)择不取费：选其实用，不尚华美。(56)灾疠：水旱之灾，流行病疫。(57)熟食者分：煮熟的饭菜使军士都能分到。(58)其所尝者，卒乘与焉：其所吃的甘珍异味，士兵也能得到。(59)不旷：不为徒死。旷，空。(60)易之：反之而行。(61)次：住处。(62)妃嫱嫔御：皆宫中内官，妃嫱为贵者，嫔御为贱者。(63)观乐：玩乐。(64)用之日新：役使百姓天天变化，无有止境。

【译文】

元年春季，楚昭王发兵围攻蔡国国都，以报复柏举一战。楚军在距蔡都一里处修筑了堡垒，宽一丈，高两丈。并驻扎了九天九夜，和从前令尹子西的预定计划一样。结果蔡国人男女分成两排出城投降。楚昭王命令他们迁到长江和汝水之间，然后便回去了。但蔡国人随后向吴国人请求迁到吴国去。

吴王夫差在夫椒打败了越军，报了槜李一战之仇；随后攻进了越国。越王句践率领披甲执盾的五千名士卒退守会稽山，并派大夫文种通过吴国太宰伯嚭求和。吴王夫差准备答应，伍子胥说：『不能同意。据臣听说，树立德行最好是不断培植，铲除病毒最好是干净彻底。从前有过国的国君浇杀了斟灌，攻打斟鄩，灭亡了夏后相。当时后相的妻子后缗正有孕在身，她从城墙的排水道里逃了出来，回到娘家有仍氏，后来生了少康。少康长大之后，担任了有仍氏的牧正。他对浇充满了仇恨，但又能处处提防他。浇派椒去搜寻他，他只好逃到了有虞国，并做了一名庖正，从而避免了祸害。有虞的酋长虞思把两个女儿嫁给他为妻，并把他封在纶邑。有土地方圆十里，还有五百人。从此少康能广泛地施行德政，开始实施复兴夏朝的计划。他收集了夏朝的大批遗民，安抚他的各级官员；又派臣子女艾打入浇的内部为间谍，派儿子季杼去引诱浇的弟弟豷，不久就灭了浇的过国和豷的戈国，终于复兴了禹王的大业，恢复了对夏朝祖先和天帝的祭祀，使夏朝的典章制度得以流传下来。现在的吴国还没有过国强大，而越国的力量却超过了少康，或许上天还要让越国进一步强盛起来，如果讲和，将来越国不更难以对付吗？越王句践喜欢接近百姓而乐于施舍，乐于施舍就不会失去民心，亲近百姓则不会埋没有功之人。越国和我们土地相连，但世代都是仇敌。在这种情况下将其攻克又不去占领，并准备让他们继续生存下去，无疑是违背天命而使仇敌益发强大，日后即使后悔了，也吃不消了。作为姬姓的吴国，衰落指日可待。我们处在两个蛮夷之国的夹缝之中，又使仇敌得以壮大，却还指望以此谋求成为霸主，绝对行不通。』吴王不听。伍子胥出来告诉别人说：『从今以后越国用十年繁衍人口积聚财富，用十年教育百姓训练兵马。二十年之后，吴国的宫室恐怕就要变成池沼了啊。』三月，越国和吴国讲和。对吴国侵入越国一事，《春秋》没有加以记载，是因为吴国没有前来报告胜利，越国也没有报告失败。

夏季四月，齐景公、卫灵公领兵前去救援邯郸，包围了五鹿。

当初吴国侵入楚国时，曾派人召请陈怀公。怀公便在朝廷上征求国人的意见，说：『愿意亲近楚国的请站在右边，愿意亲近吴国的请站在左边。』陈国人中有田地的根据田地所在的方向决定左右，没有田地的人则和他们的党族站在一起。逢滑正面对着怀公走上前去说：『臣听说：国家的兴盛是因为福，而其灭亡则是因为祸。现在吴国没有福，楚国也没有祸，因此对楚国不能随便丢弃，对吴国也不能盲目听从。晋国是诸侯盟主，如果以晋国为借口而拒绝吴国，怎么样？』怀公说：『吴国胜利楚君逃亡，对楚国来说不是灾祸是什么？』逢滑回答说：『国家遇到这种情况的时候有很多，为什么就能肯定他们不能再次复兴？一个弱小国家尚且能得以复兴，更何况是一个大国呢？据臣所知，国家兴盛时，就会关心百姓如同对待伤员一样，这反而是一个国家的福气；反之当国家灭亡时，就会视百姓生命如草芥粪土，这样就会成为祸害。楚国虽然缺少德行，但它并没有滥杀百姓。吴国每日在战争中衰败下去，将士的尸骨暴露荒野不计其数，却从未听说过有什么德行。或许是上天正在给楚国一个血的教训，吴国大祸临头，也不会很久了。』怀公听了他的话。等到夫差战胜越国，便准备报复陈国。秋季八月，吴军入侵陈国，就是对陈国不听阖闾召唤的报复。

齐景公、卫灵公在乾侯会见，商议如何救援范氏。随后鲁军会同齐军、卫国的孔圉、鲜虞人攻打晋国，夺取了棘蒲。

吴军驻扎在陈国，楚国的大夫们都很担心。他们说：『吴王阖闾就是因为善于使用他的百姓，所以才在柏举把我们打败。现在听说他的继承人更厉害，这可如何是好？』子西说：『你们几个只应该尽力团结一致，不必担心吴国。从前阖闾吃饭时只上一道菜，座位下面铺一层席子，盖房不起高坛，器物不雕花纹，宫室内不建亭台楼阁，车船不加装饰，衣物和用品只求实用不尚奢靡。在国内，只要发生了天灾和疾病，必定亲自去探视安抚孤儿鳏寡并救助他们。在军中，食物做好之后，必定分给士卒之后，自己才敢吃。每当他吃山珍海味的时候，也必定分给士卒一份。经常关心百姓，和他们同劳动同享受，因此百姓不感到疲劳，累死战死也值得。我们的先大夫子常的所作所为却恰恰与此相反，所以才使我国失败。现在我听说夫差每到一处必然兴建楼台池沼，睡觉也必定有嫔妃宫女陪伴。即使外出一天，也要把想要的东西都要回去，把喜欢的东西都随身带去。一心积聚珍奇宝物，终日沉溺声色犬马，视百姓如仇敌，而用起他们来却无休无止。这无疑是要自己把自己打败，又怎么能打败我们呢？』

冬季十一月，晋国的赵鞅领兵攻打朝歌，讨伐范氏和中行氏。

哀公二年

传　二年春，伐邾，将伐绞①。邾人爱其土，故赂以漷、沂之田而受盟②。

初，卫侯游于郊，子南仆③。公曰：『余无子④，将立女。』不对。他日，又谓之，对曰：『郢不足以辱社稷，君其改图。君夫人在堂，三揖在下⑤。君命祇辱⑥。』

夏，卫灵公卒。夫人曰：『命公子郢为大子，君命也。』对曰：『郢异于他子。且君没于吾手⑦，若有之，郢必闻之。且亡人之子辄在⑧。』乃立辄。

六月乙酉⑨，晋赵鞅纳卫大子于戚。宵迷⑩，阳虎曰：『右河而南⑪，必至焉。』使大子绕⑫，八人衰绖，伪自卫逆者。告于门，哭而入，遂居之。

秋八月，齐人输范氏粟，郑子姚、子般送之⑬。士吉射逆之，赵鞅御之，遇于戚。阳虎曰：『吾车少，以兵车之旆⑭，与罕、驷兵车先陈。罕、驷自后随而从之，彼见吾貌，必有惧心。于是乎会之⑮，必大败之。』从之。卜战，龟焦。乐丁曰⑯：『《诗》曰：「爰始爰谋，爰契我龟⑰。」谋协以故，兆询可也。』简子誓曰：『范氏、中行氏，反易天明⑱，斩艾百姓，欲擅晋国而灭其君。寡君恃郑而保焉。今郑为不道，弃君助臣，二三子顺天明，从君命，经德义，除诟耻，在此行也。克敌者，上大夫受县，下大夫受郡，士田十万，庶人工商遂⑲，人臣隶圉免⑳。志父无罪㉑，君实图之。若其有罪，绞缢以戮，桐棺三寸㉒，不设属辟㉓，素车朴马㉔，无入于兆㉕，下卿之罚也。』

甲戌㉖，将战，邮无恤御简子㉗，卫大子为右。登铁上㉘，望见郑师公，大子惧，自投于车下。子良授大子绥而乘之㉙，曰：『妇人也。』简子巡列㉚，曰：『毕万㉛，匹夫也。七战皆获，有马百乘，死于牖下㉜。群子勉之，死不在寇㉝。』繁羽御赵罗，宋勇为右㉞，罗无勇，麇之㉟。吏诘之，御对曰：『痁作而伏㊱。』卫大子祷曰：『曾孙蒯聩敢昭告皇祖文王、烈祖康叔、文祖襄公：郑胜乱从㊲，晋午在难㊳，不能治乱，使鞅讨之。蒯聩不敢自佚㊴，备持矛焉。敢告无绝筋，无折骨，无面伤，以集大事㊵，无作三祖羞㊶。大命不敢请㊷，佩玉不敢爱。』

郑人击简子中肩，毙于车中㊸，获其蜂旗㊹。大子救之以戈。郑师北，获温大夫赵罗㊺。大子复伐之，郑师大败，获齐粟千车。赵孟喜曰：「可矣。」傅傁曰㊻：「虽克郑，犹有知在，忧未艾也㊼。」

初，周人与范氏田，公孙尨税焉㊽。赵氏得而献之，吏请杀之。赵孟曰：「为其主也，何罪？」止而与之田。及铁之战，以徒五百人宵攻郑师，取蜂旗于子姚之幕下，献曰：「请报主德。」追郑师。姚、般、公孙林殿而射，前列多死。赵孟曰：「国无小。」既战，简子曰：「吾伏弢呕血㊾，鼓音不衰，今日我上也㊿。」大子曰：「吾救主于车，退敌于下，我，右之上也。」邮良曰：「我两靷将绝[51]，吾能止之，我，御之上也。」驾而乘材，两靷皆绝。

吴泄庸如蔡纳聘，而稍纳师[52]。师毕入，众知之。蔡侯告大夫，杀公子驷以说，哭而迁墓。冬，蔡迁于州来。

【注释】

①绞：邾邑，在今山东滕州北。②漷、沂：二水名，皆流经邾境。③子南：卫灵公之子，名郢。④无子：即无嫡子。⑤三揖：指卿、大夫、士。⑥君命祇辱：有辱君命。⑦君没于吾手：意为侍候国君至死。⑧亡人：指太子蒯聩。⑨乙酉：十七日。⑩宵迷：夜间迷路。⑪右河而南：右行渡河往南。⑫绕：古代一种丧服，脱帽，以布括发。⑬子姚、子般：即罕达、驷弘。⑭旆：大将之旗。⑮会之：与他们会战。⑯乐丁：晋大夫。⑰爰始爰谋，爰契我龟：句出《大雅·绵》篇。意为开始谋划，于是占卜。前二「爰」字为语首助词，无义。后一「爰」字义为乃。契龟，占卜。⑱反易天明：违背天命。明，通「命」。⑲遂：做官。古代庶人工商世承其业，不得仕进。⑳人臣隶圉免：做人奴隶的使为自由民。㉑志父：即赵鞅。㉒桐棺三寸：使用三寸厚的桐木棺材。桐棺三寸为刑余罪人的丧具。㉓属辟：

外棺。㉔素车朴马：装运棺材的车马不加装饰。㉕兆：兆域，即同族人的墓地。㉖甲戌：八月七日。㉗邮无恤：即王良。㉘铁：丘名。在今河南濮阳县西北。㉙子良：即邮无恤。绥：绳索。㉚巡列：巡视队伍。㉛毕万：晋臣，详见闵公元年传注。㉜死于牖下：意为得以善终。牖，窗户。㉝死不在寇：言勇战者未必死于敌人之手。㉞繁羽、赵罗、宋勇：三人皆晋大夫。㉟麇之：绑在车上。麇，束。㊱痁：痁疾。㊲郑胜乱从：郑胜扰乱常道。郑胜，郑声公名。㊳午：晋定公名。㊴佚：同『逸』，安逸。㊵集大事：成就大事。㊶三祖：即皇祖、烈祖、文祖。㊷大命：死生之命。㊸毙：跌倒。㊹蜂旗：旗名。㊺赵罗：与上文赵罗非一人。㊻傅傁：赵简子的下属。㊼艾：止。㊽公孙尨税焉：公孙尨为范氏收税。尨为范氏家臣。㊾伏弢：伏在弓袋上。㊿上：上等功。51靷：即靳，控制骖马的皮绳。52稍纳师：逐渐将军队引入蔡国。

【译文】

二年春季，鲁国发兵攻打邾国，准备先攻打绞邑。邾国人珍惜他们的土地，因此便把漷、沂两处的土地送给鲁国，并接受了盟约。

当初，卫灵公曾到郊外游玩，由他的儿子公子郢驾车。灵公说：『我没有嫡子，准备立你为太子。』公子郢没有回答。过了几天灵公又对他说起此事，他说：『我不堪此重任，国君还是改变这一决定。有君夫人在上，有卿、大夫、士在下，您不和他们商量就决定，我只能辜负您的好心了。』

夏季，卫灵公去世。夫人说：『立公子郢为太子，这是国君生前的命令。』公子郢回答说：『我的志向和其他兄弟不同。况且我一直陪伴国君到死，如果国君有这遗命，我一定能听到。再说还有逃亡在外的蒯聩的儿子在这里，应该立他。』于是便立了辄为新君。

六月十七日，晋国的赵鞅把卫国的太子蒯聩送到戚地。夜间迷失方向，阳虎说：『向右走到黄河，渡河后再向南走，就一定能走到。』他们让太子摘下帽子，八个人身穿丧服，伪装成从卫都迎接太子的人，告诉守门人之后，哭着进去了，随后就住在这里。

秋季八月，齐国人给范氏送去粮食，由郑国的子姚和子般负责押送。范吉射迎接他们，赵鞅则抵抗，双方在戚地相遇。阳虎对赵鞅说：『我们的车辆少，应该把大将的旗帜插到车上，并在子姚、子般的战车到来之前摆好阵势。等子姚、子般从后面赶到，他们看到我，一定会害怕。这时候交战，就一定能打败他们。』赵鞅同意。占卜作战的吉凶，结果龟甲烧焦了。晋大夫乐丁说：『《诗经》说：「先行谋划，再行占卜。」既然人的意见已经统一了，按照过去占卜的吉兆去做就行了。』赵鞅发誓说：『范氏、中行氏违背天意，残害百姓，企图独揽晋国大权而灭亡国君。寡君本来指望依靠郑国得以保护，没想到现在郑国倒行逆施，背弃国君而去帮助乱臣贼子。我们几个人顺应天命，服从君令，主持正义，消除耻辱，就在此一举了。谁要战胜敌人，是上大夫的，封给县邑；是下大夫的，受封郡邑；士兵则可以受封田地十万亩，平民和工匠、商人可以做官，奴隶可以恢复自由。如果我战胜敌人从而得以免于罪过，也请国君考虑；如果我战败获罪，请求把我处以绞刑。死后只用三寸厚的桐棺，既不使用外棺，不用彩饰的车马运送灵枢，也不要葬在本族的墓地上，这是对下卿所做的惩罚。』

八月七日，准备开始作战，邮无恤为赵鞅驾车，卫国的太子为车右。登上铁丘，远远看到郑军人马很多，卫国太子吓得从车上跌落下来。邮无恤赶紧递给他一条带子，让他拉着登上车，说：『你简直像个女人。』赵鞅视察队伍时说：『从前先君献公的车右毕万是一个普通的人。他在七次战斗中都俘虏了敌人，结果战后被赐给四百匹马，得以善终。希望大家也能努力作战，英勇作战并不一定就会战死。』繁羽为赵罗驾车，宋勇为车右，赵罗胆子很小，让人把他绑在车上。旁边的军官问他怎么回事时，他回答说：『疟疾发作了，所以才趴下。』卫国的太子祷告说：『曾孙蒯聩诚惶诚恐地向皇祖文王、烈祖康叔、文祖襄公报告：郑胜倒行逆施，晋君身陷危难，不能亲自领兵平叛，特派赵鞅讨伐。蒯聩不敢贪图安逸，也拿起武器参加。祈求祖先保佑我不伤筋骨不伤面容，以成大事，不致给三位祖先带来耻辱。这不是为我个人的生死而请求，也不敢爱惜自己的封邑与爵位。』

郑国人猛击赵鞅的肩膀，赵鞅倒在车中，郑国人乘机把大旗拔走。太子蒯聩持戈前去救援，把郑军打退，温大夫赵罗却被抓走。蒯聩又去攻打郑军，郑军又一次被打败。缴获了齐国的上千车粮食。赵鞅大喜，说：『现在好了。』傅傁说：『虽然战胜了郑军，但还有知氏在那里，晋国的忧患还没有完全消除。』

当初，周王室给了范氏一些田地，公孙龙为范氏去收税。赵氏的人把他抓起来献给了赵鞅，并请求将其杀掉。赵鞅说：『他也是为他的主人尽忠，有什么罪呢？』不但不杀，还送给他一些田地。在这次铁丘之战中，公孙龙率领五百士卒在夜里攻打郑军，冲到子姚的帐幕下把那面被夺走的大旗又夺了回来，献给赵鞅，并说：『以此报答将军对我的不杀之恩。』接着继续追赶郑军。子姚、子般、公孙林走在队伍后面边退边射，晋军前锋死伤很多。赵鞅说：『看来对小国也不能轻视啊。』战斗结束后，赵鞅说：『我趴在弓箭袋上吐血不止，但仍然不停地击鼓，今天我的功劳最大。』太子说：『我冲到车前去营救您，又把敌人击退，在车右中我功劳最大。』邮无恤说：『我那辆战车上骖马的肚带都快要断了，我还能控制住它们，我在御者中功劳最大。』怕人不相信，又在车上装上一点木材，骖马一拉，果然肚带断了。

吴国的泄庸利用到蔡国送聘礼的机会，把军队偷偷带进了蔡国。等吴军全部进入蔡都后，蔡国人才知道。蔡昭公告诉了大夫们，并杀了公子驷以威慑那些不愿迁到吴国的人。随后，便哭着把先君的坟墓迁出。冬季，蔡国人迁到州来。

哀公三年

传　三年春，齐、卫围戚，求援于中山。

夏五月辛卯[1]，司铎火[2]。火逾公宫，桓、僖灾[3]。救火者皆曰：『顾府[4]。』南宫敬叔至，命周人出御书[5]，俟于宫，曰：『庀女而不在[6]，死。』子服景伯至，命宰人出礼书[7]，以待命，命不共[8]，有常刑。校人乘马[9]，巾车脂辖[10]。百官官备[11]，府库慎守，官人肃给[12]。济濡帷幕[13]，郁攸从之[14]，蒙葺公屋[15]。自大庙始，外内以悛[16]，助所不给[17]。有不用命，则有常刑，无赦。公父文伯至，命校人驾乘车。季桓子至，御公立于象魏之外[18]。命救火者伤人则止[19]，财可为也。命藏《象魏》，曰：『旧章不可亡也[20]。』富父槐至，曰：『无备而官办者[21]，犹拾渖也[22]。』于是乎去表之槁[23]，道还公宫[24]。

孔子在陈，闻火，曰：『其桓、僖乎！』

刘氏、范氏世为婚姻，苌弘事刘文公，故周与范氏。赵鞅以为讨。六月癸卯㉕，周人杀苌弘。

秋，季孙有疾，命正常曰㉖：『无死。南孺子之子㉗，男也，则以告而立之。女也，则肥也可㉘。』季孙卒，康子即位。既葬，康子在朝。南氏生男，正常载以如朝，告曰：『夫子有遗言，命其圉臣曰㉙：「南氏生男，则以告于君与大夫而立之。」今生矣，男也，敢告。』遂奔卫。康子请退㉚。公使共刘视之㉛，则或杀之矣，乃讨之。召正常，正常不反。

冬十月，晋赵鞅围朝歌，师于其南。荀寅伐其郛，使其徒自北门入，已犯帅而出㉜。癸丑㉝，奔邯郸。

十一月，赵鞅杀士皋夷㉞，恶范氏也。

【注释】

①辛卯：二十八日。②司铎：官署名。③桓、僖灾：桓公、僖公庙被火烧毁。④顾府：保护府库。⑤命周人出御书：命令周人拿出国君所阅之书。周人，掌管周书典籍之官。⑥庀女：即庀于女，意为托你保护好。庀，借为『庇』。⑦宰人：即宰夫，掌管法令礼数的官员。⑧命不共：奉命不尽职。⑨校人乘马：校人驾上马。校人，掌国君马匹的官员。⑩巾车脂辖：巾车给车轴涂上油。巾车，车官之长。⑪官备：坚守岗位。⑫官人肃给：主管馆舍的官员严格供应。⑬济濡帷幕：将帷幕浸湿。⑭郁攸：灭火器具。⑮蒙葺：以湿物覆盖。⑯外内以悛：先内后外，依次扑救。悛，次。⑰不给：人力物力不足者。⑱象魏：古代诸侯宫室有三门，库门、雉门、路门。雉门即宫室南门。雉门两旁，积土为台，台上筑重屋叫楼，楼可以观望，故称为观。国家的法令常悬于观上，故又叫作象魏。⑲伤人：受伤之人。⑳旧章：即象魏，指文献律令。㉑官办：百官各尽职守。㉒拾渖：从地上捡起汤汁。渖，汁。㉓去表之槁：清除火道

上的干枯易燃物。㉔道还公宫：环绕公宫开辟火巷。还，同『环』。㉕癸卯：十一日。㉖正常：季孙的宠臣。㉗南孺子：季桓子之妻。㉘肥：季康子。㉙圉臣：贱臣，正常自谦之称。㉚退：避位。㉛共刘：鲁大夫。㉜犯师：突围。㉝癸丑：二十三日。㉞士皋夷：即定公十三年传之范皋夷。

【译文】

三年春季，齐国、卫国围攻戚地，戚地向鲜虞求救。

夏季五月二十八日，鲁国的司铎官发生了火灾。大火越过公宫，蔓延到桓公和僖公庙。救火的人们都喊道：『保护府库。』孔子的弟子南宫敬叔跑来，命令负责管理周朝典籍的官员把国君所读的书搬出来，在公宫门口等候，说：『你负责保护这些书，如有损失，把你处死！』子服景伯来到，让宰夫把礼书搬出来等候命令，并警告他如果失职，将依法惩处。又下令管理马匹的人准备好马，管理车辆的人给车轴上好油，以备使用。每个官员都坚守岗位，府库加强管理，负责管理馆舍的官员保证各种供应，又用水浇湿帷幕，准备好灭火器具，用浇湿的帷幕把公室的房子遮盖起来。从太庙开始，从外到内依次蒙上，对力量不足者加以帮助。凡有不听从指挥的，依法惩办，不予赦免。公父文伯来到，命令马官为国君的车子套上马。季桓子来到，手执马鞭站在象魏门之外。他下令救火的人一旦受伤就赶快下来，因为财物烧毁了还可以再创造。又命令把法令典章都收藏起来，说：『典章文献不能丢失。』富父槐来到，说：『平时不做准备，这时候才让百官各负其责，就像汤汁洒在地上一样无法收拾。』于是组织人清除火道上的易燃物品，并在公宫四周开辟了火巷，使大火不致蔓延公宫。

当时孔子正在陈国，听说发生了火灾，说：『这恐怕是上天要毁掉桓、僖二庙吧。』

刘氏和范氏世代结为婚姻，苌弘侍奉刘文公，因此周王室偏向范氏，为此遭到赵鞅的强烈谴责。六月十一日，周朝人杀了苌弘。

秋季，季桓子患了病，他对宠臣正常说：『你不可为我而死。我夫人南孺子如果生下男孩，就报告国君，立此子为继承人；如果是女孩，就立肥为继承人。』季桓子死后，康子摄位。安葬季桓子后，康子在朝廷上听命。南孺子生了一个男孩，正常抱着他来到朝廷上报告说：『主公生前曾留下遗言，命令我说：「南氏生男，则报告国君和大夫们，并立他为继承人。」现在生了这个男孩，特此报告。』随后就逃到了卫国。康子请求退位。哀公派大夫共刘前去察看，发现男孩已被人杀死，便下令捉拿凶手。又召请正常回国，正常没有回来。

冬季十月，晋国的赵鞅围攻朝歌，大军驻扎在朝歌之南。荀寅从里边攻打朝歌外城，城外的部队则从北门冲了进来，荀寅、范吉射从北门突围而出。二十三日，两人又逃到邯郸。

十一月，赵鞅杀了士夷皋，这是因为厌恶范氏而迁怒于他。

哀公四年

传　四年春，蔡昭公将如吴，诸大夫恐其又迁也，承①。公孙翩逐而射之，入于家人而卒②。以两矢门之③，众莫敢进。文之锴后至④，曰：『如墙而进，多而杀二人。』锴执弓而先，翩射之，中肘。锴遂杀之，故逐公孙辰，而杀公孙姓、公孙旰[5]。

夏，楚人既克夷虎[6]，乃谋北方。左司马眅、申公寿馀、叶公诸梁致蔡于负函[7]，致方城之外于缯关[8]，曰：『吴将泝江入郢[9]，将奔命焉[10]。』为一昔之期[11]，袭梁及霍[12]。单浮馀围蛮氏[13]，蛮氏溃。蛮子赤奔晋阴地[14]。司马起丰、析与狄戎[15]，以临上洛[16]。左师军于菟和[17]，右师军于仓野[18]，使谓阴地之命大夫士蔑曰[19]：『晋、楚有盟，好恶同之。若将不废，寡君之愿也。不然，将通于少习以听命[20]。』士蔑请诸赵孟。赵孟曰：『晋国未宁，安能恶于楚，必速与之。』士蔑乃致九州之戎[21]，将裂田以与蛮子而城之[22]，且将为之卜。蛮子听卜，遂执之，与其五大夫[23]，以畀楚师于三户[24]。司马致邑，立宗焉，以诱其遗民[25]，而尽俘以归。

秋七月，齐陈乞、弦施、卫宁跪救范氏。庚午[26]，围五鹿。九月，赵鞅围邯郸。冬十一月，邯郸降。荀寅奔鲜虞，赵稷奔临[27]。十二月，弦施逆之，遂堕临。国夏伐晋，取邢、任、栾、鄗、逆畤、阴人、盂、壶口[28]。会鲜虞，纳荀寅于柏人[29]。

【注释】

①承：紧跟。②家人：百姓之家。③门之：守住门口。④文之锴：蔡昭侯之臣。⑤公孙旰：即公孙霍。⑥夷虎：叛楚的蛮夷人。⑦致蔡于负函：在负函召集蔡人。负函，地名，在今安徽宣城市境。⑧缯关：在今河南方城县。⑨泝：逆流而上。⑩奔命：奔走听命。⑪昔：夕。⑫梁、霍：二地名，梁在今河南临汝县西，霍在梁西南。⑬蛮氏：详见成公六年传注。⑭阴地：在今河南卢氏县东北。⑮起：征召。⑯上洛：即今陕西商县。⑰菟和：山名，在今陕西商县东。

⑱仓野：在商县东南。⑲命大夫：周王或晋侯所亲自任命的大夫。⑳通于少习：打通少习山。意为与秦军联合以攻晋。㉑九州之戎：见昭公二十二年传注。㉒裂：分。㉓五大夫：蛮子之大夫五人。㉔三户：邑名，在今河南淅川县西南。㉕遗民：逃散的百姓。㉖庚午：十四日。㉗临：故城在今河北临县西南。㉘邢、任等：八邑名，均为晋地。㉙柏人：邑名，在今河北隆尧县西南。

【译文】

四年春季，蔡昭公准备到吴国去，大夫们担心他又要迁移，便紧紧跟着他。公孙翩保护着昭公逃跑，大夫们紧追并用箭射他们，昭公逃到一个百姓家里就死了。公孙翩拿着两支箭守在门口，没有人敢再向前。大夫文之锴赶来，他说：『大家排成一道人墙前进，他顶多能杀死两个人。』文之锴手执弓走在前面，公孙翩射他，射中了肘部。他反手一箭，将公孙翩杀死，并因此赶走了公孙辰，杀了公孙姓、公孙盱。

夏季，楚国人战胜了夷虎之后，准备进攻北方。左司马眅、申公寿馀、叶公诸梁在负函集合了蔡国人，又在缯关集合了方城之外的人，说：『吴国军队准备溯长江而上攻打郢都，我们要赶去援救。』并限定一晚上就准备好，第二天便袭击梁地和霍地。单浮馀围攻蛮氏，蛮氏溃散。蛮子赤逃到了晋国的阴地。司马动员丰地、析地和狄戎一起攻打上洛。左翼部队从菟和出发，右翼部队从仓野出发，并派人告诉阴地的大夫士蔑说：『晋、楚两国曾有盟约，好恶一致。如果双方能履行这一盟约，将是寡君最大的愿望。不然，我们打通少习山之后再来听候贵国的命令。』士蔑向赵鞅请示。赵鞅说：『晋国还没有安定下来，怎么能和楚国结仇？你赶快把蛮子交给他们。』士蔑集合九州之戎，诈称要封地给蛮子并为他筑城，且准备为此而占卜。蛮子前来接受占卜结果时，士蔑把他和五个大夫抓了起来，在三户把他们交给了楚军。楚国的司马又诈称要封邑给蛮子并为他立继承人，以引诱蛮氏的百姓，然后把他们都抓了起来带回楚国。

秋季七月，齐国的陈乞、弦施、卫国的宁跪发兵救援范氏。十四日，包围了五鹿。九月，赵鞅围攻邯郸。冬季十一月，邯郸宣布投降。荀寅逃到了鲜虞，赵稷逃到了临邑。十二月，弦施前去迎接赵稷，拆毁了临邑的城墙。齐国的国夏攻打晋国，夺取了邢地、任地、栾地、鄗地、逆畤、阴人、盂地、壶口等；又会合鲜虞人，把荀寅送到了柏人。

哀公五年

传　五年春，晋围柏人，荀寅、士吉射奔齐。

初，范氏之臣王生恶张柳朔，言诸昭子①，使为柏人②。昭子曰：『夫非而仇乎？』对曰：『私仇不及公，好不废过③，恶不去善④，义之经也。臣敢违之？』及范氏出⑤，张柳朔谓其子：『尔从主，勉之。我将止死，王生授我矣⑥。吾不可以僭之⑦。』遂死于柏人。

夏，赵鞅伐卫，范氏之故也，遂围中牟。

齐燕姬生子⑧，不成而死⑨，诸子鬻姒之子荼，嬖。诸大夫恐其为大子也，言于公曰：『君之齿长矣，未有大子，若之何？』公曰：『二三子间于忧虞⑩，则有疾疢⑪。亦姑谋乐，何忧于无君？』公疾，使国惠子、高昭子立荼⑫，置群公子于莱⑬。秋，齐景公卒。冬十月。公子嘉、公子驹、公子黔奔卫，公子鉏、公子阳生来奔。莱人歌之曰：『景公死乎不与埋，三军之事乎不与谋。师乎师乎⑭，何党之乎⑮？」

郑驷秦富而侈，嬖大夫也⑯，而常陈卿之车服于其庭。郑人恶而杀之。子思曰⑰：「《诗》曰：「不解于位，民之攸塈⑱。」不守其位，而能久者鲜矣。《商颂》曰：「不僭不滥⑲，不敢怠皇⑳，命以多福。」」

【注释】

①昭子：即范吉射。②为柏人：做柏人之宰。③好不废过：喜好不掩弃过错。④恶不去善：厌恶不排除善良。⑤出：逃出柏人，奔齐。⑥授我：使我死于节操。⑦僭：不守信用。⑧燕姬：齐景公嫡夫人。⑨不成：未成年。⑩间于忧虞：参与忧虑。⑪疾疢：疾病。⑫国惠子、高昭子：即国夏、高张。⑬莱：齐东部边境邑。⑭师：众。⑮何党之：到哪里有所投靠。⑯嬖大夫：下大夫。⑰子思：子产之子国参。⑱不解于位，民之攸塈：句出《诗经·大雅·假乐》。解，同「懈」。攸，所。塈，安宁。⑲不僭不滥：不出差错不自满。⑳怠皇：懈怠偷闲。皇，同「遑」。

【译文】

五年春季，晋军围攻柏人，荀寅和范吉射又逃到齐国。

当初，范氏的家臣王生讨厌张柳朔，建议范吉射让张柳朔出任柏人的宰邑。吉射说：「他不是你的仇人吗？」王生回答说：「私人之间的怨仇不能影响到公事，喜欢一个人不能忽视他的过错，厌恶一个人也不能抹杀他的优点，这是道义的根本，我哪里敢违背呢？」等范吉射逃出柏人，张柳朔对他儿子说：「你随主公走吧，一定要尽心尽力！我准备留下来与柏人共存亡，因为王生教给了我死节的大义，我不能辜负他的信任。」不久在柏人死去。

夏季，赵鞅攻打卫国，这是卫国帮助范氏的缘故，晋军包围了中牟。

齐景公的夫人燕姬生了一个儿子，未到成年便死了，在景公姬妾中鬻姒的儿子荼受到宠爱。大夫们深恐荼被立为太子，便对景公说：『国君年纪已大，还没有立下太子，该怎么办呢？』景公说：『你们几位不要忧愁，忧愁多了就会生病。尽管去纵情享乐，何必为没有国君而发愁呢？』景公有了病，他让国惠和高昭子立荼为太子，并把群公子安置到莱地。秋季，齐景公去世。冬季十月。公子嘉、公子驹、公子黔逃到了卫国，公子钼、公子阳生逃到鲁国。莱地人为此唱道：『景公死了不参加埋葬，三军大事不参与商量，你们这些人啊，准备逃到何方？』

郑国的驷秦富有而骄奢，其实他只是一个下大夫，却常常在院中陈列卿的车马和服装。郑国人厌恶他，把他杀了。子产的儿子子思说：『《诗经》说：「为官勤政不怠，百姓安居乐业。」不安于职位，便很少能保持长久。《商颂》说：「不出差错，不敢自满，不敢懈怠，不敢偷闲，才能得到上天的福禄。」』

哀公二十五年

传 二十五年夏五月庚辰[①]，卫侯出奔宋。

卫侯为灵台于藉圃，与诸大夫饮酒焉。褚师声子袜而登席[②]。公怒。辞曰[③]：『臣有疾，异于人。若见之，君将㱿之[④]。是以不敢。』公愈怒。大夫辞之，不可。褚师出，公戟其手[⑤]，曰：『必断而足。』闻之，褚师与司寇亥乘，曰：『今日幸而后亡[⑥]。』

公之入也，夺南氏邑[⑦]，而夺司寇亥政。公使侍人纳公文懿子之车于池。初，卫人翦夏丁氏[⑧]，以其帑赐彭封弥子[⑨]。弥子饮公酒，纳夏戊之女，嬖，以为夫人。其弟期[⑩]，大叔疾之从孙甥也[⑪]，少畜于公，以为司徒。夫人宠衰，期得罪。

公使三匠久。公使优狡盟拳弥⑫，而甚近信之。故褚师比、公孙弥牟、公文要、司寇亥、司徒期因三匠与拳弥以作乱，皆执利兵，无者执斤⑬。使拳弥入于公宫，而自大子疾之宫噪以攻公。鄄子士请御之⑭。弥援其手，曰：『子则勇矣，将若君何？不见先君乎⑮？君何所不逞欲？且君尝在外矣，岂必不反。当今不可，众怒难犯，休而易间也⑯。』乃出。将适蒲⑰，弥曰：『晋无信，不可。』将适鄄⑱，弥曰：『齐、晋争我，不可。』将适泠⑲，弥曰：『鲁不足与，请适城钼以钩越⑳，越有君。』乃适城钼。弥曰：『卫盗不可知也，请速，自我始。』乃载宝以归。

公为支离之卒㉑，因祝史挥以侵卫。卫人病之。懿子知之，见子之㉒，请逐挥。文子曰：『无罪。』懿子曰：『彼好专利而妄㉓。夫见君之入也，将先道焉㉔。若逐之，必出于南门而适君所。夫越新得诸侯，将必请师焉。』挥在朝，使吏遣诸其室。挥出，信㉕，弗内。五日，乃馆诸外里㉖。遂有宠，使如越请师。

六月，公至自越。季康子、孟武伯逆于五梧㉗。郭重仆㉘，见二子，曰：『恶言多矣，君请尽之。』公宴于五梧。武伯为祝㉙，恶郭重，曰：『何肥也！』季孙曰：『请饮彘也㉚。以鲁国之密迩仇雠，臣是以不获从君，克免于大行㉛，又谓重也肥。』公曰：『是食言多矣，能无肥乎？』饮酒不乐，公与大夫始有恶。

【注释】

①庚辰：二十五日。②袜：穿着袜子。③辞：辩解。④彀：呕吐。⑤戟其手：以手叉腰如戟形。⑥幸而后亡：能够逃亡就是幸运。⑦南氏：即公孙弥牟。⑧夏丁氏：即夏戊，见哀公十一年传注。⑨彭封弥子：即弥子瑕。⑩期：夏戊之子。⑪从孙甥：姊妹之孙，即从外孙。⑫优狡：俳优，名狡。拳弥：卫大夫。⑬斤：斧头。⑭鄄子士：卫大夫。⑮先君：指蒯聩。⑯休而易间：叛乱平定才容易离间他们。体：定，止。⑰蒲：地名，在今河南长垣县东。⑱鄄：在

今山东鄄城西北。⑲泠：近鲁邑。⑳城钼：在今河南滑县东。钩越：与越国联系。㉑为支离之卒：把徒兵分为数队。㉒子之：即文子，公孙弥牟。㉓专利而妄：专权好利而不法。㉔道：同『导』。㉕信：再宿为信，即在外住两个夜晚。㉖外里：地名，卫君所居处。㉗五梧：鲁南部边界。㉘仆：为公驾车。㉙为祝：向鲁哀公敬酒祝寿。㉚请饮彘：请罚彘喝酒。彘，孟武伯名。㉛大行：远行。

【译文】

二十五年夏季，五月二十五日，卫出公逃到宋国。

当初，卫出公在藉圃建造灵台，和大夫们在台上饮宴。褚师比穿着袜子入席。出公大怒。褚师比辩解说：『臣有脚病，与别人不一样。如果让国君看到，肯定会呕吐。所以不敢脱下袜子。』出公更加愤怒。大夫们也都为褚师比开脱，出公仍不原谅。褚师比退出来后，出公仍然两手叉腰怒气冲冲地说：『我一定要砍断你的脚！』褚师比听到后，就和司寇亥同坐一辆车逃了出来，说：『今日侥幸免于一死。』

出公回国时，夺走了公孙弥牟的封邑，并夺取了司寇亥手中的权力。出公让侍从把公文懿子的车子推到池水中。当初，卫国人灭了夏戊，把他的家产赐给了彭封弥子。弥子请出公喝酒，把女儿送给了出公，受到了宠爱，被立为夫人。夫人的弟弟期是太叔疾的从外甥，从小在公室长大，被任命为司徒。夫人的宠爱日渐衰减，期也因此而得罪了出公。出公让三种匠人干活，长时间不让他们休息。他还让伶人狡和大夫拳弥结盟，以侮辱拳弥，但又很宠信他。因此褚师比、公孙弥牟、公文懿子、司寇亥和司徒期便联合起来依靠三种匠人和拳弥在宫里做内应发动了叛乱，都拿着锋利的武器，没有武器的就拿着斧子。让拳弥进入公宫，其他人则从太子疾的宫中喊着要攻打出公。卫大夫鄄子士请求派人抵抗，拳弥拉住他的手说：『你虽然勇敢，但如果战死，还有谁来保护国君呢？你难道忘了先君庄公的结局吗？国君逃到哪里不能满足自己的欲望呢？再说国君也曾经在外边流亡过，怎么就能保证他不会东山再起？目前形势紧急，不能抵抗，众怒难以触犯，等到叛乱平息之后才能慢慢对付他们。』于是出公便逃亡了。他准备到靠近晋国的蒲地去，拳弥说：『晋国不讲信用，不能到那里去。』准备到靠近齐国的鄄地去，拳弥又说：『齐、晋两国正在争夺我国，不能到那里去。』又准备到靠近鲁国的泠地去，拳弥说：『鲁国不足以依靠，请国君到城钼，以联络越国。越国的国君很有能力。』出公便决定逃往城钼。拳弥欺骗出公说：『不知卫国的叛贼是否会来袭击您，请国君快点上路，我在前面开路。』拳弥装上出公携带的宝物绕行一圈后又回到了国都。

出公把徒兵分为数队，依靠祝史挥作为内应攻打卫国。卫国人深为忧虑。公文懿子知道挥是出公的内线，便去见公孙弥牟，请求赶走挥。公孙弥牟说：『挥并没有罪啊。』公文懿子说：『他一向喜欢专权夺利并且胡作非为，如果他看到国君有回来的可能，就一定会前去引路的。如果驱逐他，他一定从南门出去，逃到国君那里。越国新近得到诸侯的拥护，他们一定会请求越国出兵协助的。』当时挥正在上朝，等下朝回到家里，公孙弥牟就派人把他赶走了。挥出城后，在外住了两晚上，准备再回到城内，但没有让他进来。五天之后，就到了出公所在的外里。很快受到出公的宠信，出公派他到越国请求出兵。

六月，哀公从越国回来。季庚子、孟孺子前往五梧迎接。当时郭重为哀公驾车，他先见到季康子和孟孺子，然后在哀公面前说：『这两个人说了国君很多坏话，请国君当面责备他们。』哀公在五梧设宴。孟孺子向哀公祝酒，因为他讨厌郭重，就故意讽刺他：『你为什么这么肥胖呢？』季康子说：『请罚武伯一杯酒。因为鲁国紧邻仇敌之国，臣因此不能跟随国君前往，从而免于长途跋涉，但武伯却问备尝辛苦的郭重为什么吃得这么肥胖。』哀公指桑骂槐地说：『他是光说大话不办实事，能不胖吗？』大家喝得不痛快，哀公开始和大夫们有了隔阂。

哀公二十六年

传　二十六年夏五月，叔孙舒帅师会越皋如、舌庸、宋乐筏，纳卫侯，文子欲纳之。懿子曰：『君愎而虐，少待之，必毒于民，乃睦于子矣。』师侵外州，大获①。出御之，大败。掘褚师定子之墓②，焚之于平庄之上③。

文子使王孙齐私于皋如④，曰：『子将大灭卫乎，抑纳君而已乎？』皋如曰：『寡君之命无他，纳卫君而已。』文子致众而问焉，曰：『君以蛮夷伐国，国几亡矣。请纳之。』众曰：『勿纳。』曰：『弥牟亡而有益，请自北门出。』公曰：『勿出。』重赂越人，申开守陴而纳公⑤，公不敢入。师还，立悼公。南氏相之。以城鉏与越人。公曰：『期则为此⑥。』令苟有怨于夫人者⑦，报之。司徒期聘于越，公攻而夺之币。期告王，王命取之。期以众取之。公怒，杀期之甥之为大子者。遂卒于越。

宋景公无子，取公孙周之子得与启，畜诸公宫，未有立焉。于是皇缓为右师，皇非我为大司马，皇怀为司徒，灵不缓为左师，乐茷为司城，乐朱鉏为大司寇。六卿三族降听政⑧，因大尹以达⑨。大尹常不告⑩，而以其欲称君命以令。国人恶之。司城欲去大尹，左师曰：『纵之，使盈其罪⑪。重而无基⑫，能无敝乎⑬？』

冬十月，公游于空泽⑭。辛巳⑮，卒于连中⑯。大尹兴空泽之士千甲⑰，奉公自空桐人，如沃宫⑱。使召六子⑲，曰：『闻下有师⑳，君请六子画㉑。』六子至，以甲劫之，曰：『君有疾病，请二三子盟。』乃盟于少寝之庭㉒，曰：『无为公室不利。」大尹立启，奉丧殡于大宫㉓。三日，而后国人知之。司城茷使宣言于国曰：「大尹惑蛊其君而专其利，今君无疾而死，死又匿之，是无他矣，大尹之罪也。」

得梦启北首而寝于卢门之外㉔，己为乌而集于其上㉕，咮加于南门㉖，尾加于桐门㉗。曰：「余梦美，必立。」

大尹谋曰：「我不在盟，无乃逐我，复盟之乎？」使祝为载书，六子在唐盂㉘。将盟之。祝襄以载书告皇非我，皇非我因子潞㉙、门尹得、左师谋曰：「民与我，逐之乎？」皆归授甲，使徇于国曰：「大尹惑蛊其君，以陵虐公室。与我者，救君者也。」公曰：「与之。」大尹徇曰：「戴氏、皇氏将不利公室，与我者，无忧不富。」众曰：「无别㉚。」戴氏、皇氏欲伐公。乐得曰：「不可。彼以陵公有罪，我伐公，则甚焉。」使国人施于大尹㉛。大尹奉启以奔楚，乃立得。司城为上卿，盟曰：「三族共政，无相害也。」

卫出公自城鉏使以弓问子赣㉜，且曰：「吾其入乎？」子赣稽首受弓，对曰：「臣不识也。」私于使者曰：「昔成公孙于陈㉝，宁武子、孙庄子为宛濮之盟而君入㉞；献公孙于齐，子鲜、子展为夷仪之盟而君入㉟。今君再在孙矣，内不闻献之亲，外不闻成之卿，则赐不识所由入也。《诗》曰：『无竞惟人，四方其顺之㊱』。若得其人，四方以为主，而国于何有㊲？」

【注释】

①大获：大肆劫掠。②褚师定子：褚师比之父。③平庄：陵墓名。④皋如：越臣。⑤申开守陴：郭门、城门、城上女墙、内门都一齐大开。⑥期：司徒期。⑦夫人：期之姊。⑧六卿三族降听政：六卿指右师、左师、司马、司徒、司城、司寇。三族指皇、灵、乐。降听政，共同听政。⑨因大尹以达：通过大尹上达。大尹，国君近官。⑩不告：

不向宋景公报告。⑪使盈其罪：使其罪恶满盈。⑫重而无基：权势重而无根基。⑬敝：败。⑭空泽：在今河南虞城县南。⑮辛巳：初四日。⑯连中：馆名。⑰千甲：甲士千人。⑱沃宫：宋都内宫名。⑲六子：六卿。⑳下：下邑。㉑画：谋划。㉒少寝：即小寝，为诸侯退朝后燕息之处。㉓大宫：宋国祖庙。㉔北首：头朝北，死象。卢门：宋国东门。㉕集：栖止。㉖咮：鸟嘴。㉗桐门：北门。㉘唐盂：宋都远郊地名。㉙子潞：司城乐茷。㉚无别：与他人无区别。㉛施于大尹：施罪于大尹。㉜子赣：即子贡。㉝孙：通『逊』，逃。㉞宛濮之盟：事见僖公二十八年。㉟夷仪之盟：在襄公二十六年。㊱无竞惟人，四方其顺之：句出《周颂·烈文》。意为莫强于得到人才，四方才会归顺。㊲国于何有：言得国不难。

【译文】

二十六年夏季五月，鲁国的叔孙舒率军会合越国的皋如、舌庸、宋国的乐茷，护送卫出公回国。公孙弥牟也想接纳出公。公文懿子说：『国君刚愎而暴虐，他回国不久，就一定会残害百姓，到那时百姓就会拥护您了。』越军入侵外州，大肆抢劫一番。卫军出来抵抗，结果大败。出公把褚师比的父亲褚师定子的坟墓掘了，并在平庄上将棺材焚烧。

公孙弥牟派王孙齐私下去问皋如：『阁下是想灭亡卫国呢？还是要送国君回国即位呢？』皋如说：『寡君的命令没有其他意思，就是要护送卫君回国。』弥牟便把大家召集起来征求意见说：『国君率领蛮夷之国的军队攻打国家，国家几乎要灭亡了。请求大家接纳国君回国吧。』众人都说：『不能接纳。』弥牟说：『如果我逃亡对大家有好处的话，请允许我从北门出去。』众人都说：『不让你出去。』于是弥牟就重重地贿赂越国人，并打开各道城门接纳出公，出公吓得不敢入城。越军回去。卫国立了悼公为君，由公孙弥牟辅佐。卫国把城钼一地送给了越国。卫出公说：『是司徒期造成了这种局面。』下令对夫人有怨恨的宫女，可以对她进行报复。司徒期到越国聘问，出公带人攻打他并夺了他携带的聘礼。司徒期把此事报告了越王，越王下令再夺回来。司徒期率领士卒又从出公手里夺了回来。出公非常愤怒，就杀了司徒期的外甥，也就是太子。后来卫出公就死在越国。

宋景公没有儿子，把公孙周的儿子得与启要来养在宫中，但没有确定立谁为太子。这时，皇缓任右师，皇非我任大司马，皇怀任司徒，灵不缓任左师，乐茷任司城，乐朱鉏任大司寇。宋国由皇、灵、乐三大家族的六卿共同执政，通过大尹向景公报告。大尹常常不向景公报告，却按照自己的想法假托君命发号施令。国人很厌恶他。司城打算除掉大尹，左师说：『让他继续胡作非为，便使其恶贯满盈。权势再大，如果没有雄厚的根基，能不毁坏吗？』

冬季十月，宋景公在空泽游玩。四月，死在连中。大尹带着空泽的甲兵上千人，护送景公的灵柩从空洞回到沃宫，并派人召请六卿说：『听说下面有的城邑发动了叛乱，国君请六卿前来谋划。』六卿来到后，大尹以武力威胁他们说：『国君有了重病，请几位盟誓。』就在小寝的院子里盟誓说：『不做危害公室之事！』大尹立了启为新君，然后才把棺材安放到祖庙中，三天以后国人才知道景公已经死了。司城茷派人在都城到处散布说：『大尹蛊惑国君，专权跋扈。现在国君无病而死，死了他又秘不发丧，这没有别的原因，是大尹杀了国君无疑。』

得有一次梦见启头朝北睡在宋都东门庐门之外，自己则变成一只乌鸦落在他身上，嘴巴放在南门上，尾巴伸到桐门上。醒来后他说：『我这个梦很好，一定能被立为国君。』

大尹和党羽商量说：『以前我没有参加少寝之盟，恐怕他们几个人要驱逐我，我再和他们结盟吧！』便让祝史起草了盟书。当时六卿都在宋郊唐盂，准备和大尹结盟。祝史襄带着起草的盟书来告诉皇非我。皇非我便和乐茷、门尹得、左师商量：『百姓拥护我们，要不要把大尹赶走呢？』都回去把武器发给士卒，让他们在城内到处巡逻说：『大尹蛊惑国君，欺凌公室。愿意帮助我们，就是解救国君。』众人都说：『愿意帮助你们！』大尹也到处宣传说：『乐氏、皇氏准备危害公室，谁要跟着我，就不必再发愁不能富贵。』众人说：『这话和国君的话一样！』乐氏和皇氏准备发兵攻打新君启，乐得说：『不能这么做。因为大尹欺凌国君所以才有了罪。我们攻打国君，罪过不就更大吗？』于是让国人把罪过都归到大尹身上。大尹侍奉启逃到了楚国，宋国人便立了得为君。司城做了上卿，然后六卿一同盟誓说：『三族共同执政，不要互相危害！』

卫出公从城钼派人送给子贡一把弓，并问：『我还能回国即位吗？』子贡叩头接受了弓，回答说：『我无法预料此事。』但私下对使者说：『从前卫成公逃亡陈国的时候，宁武子、孙庄子曾在宛濮结盟后护送成公回国。献公逃到齐国时，子鲜、子展在夷仪结盟后护送献公回国。现在国君是第二次逃亡了，既没有听说国内有献公那样的亲信为他奔命，也没有听说国外有成公那样的忠臣为他效力，我不知道他能依靠什么回国即位。《诗经》说：「得到人才便能强大，四方也随之而归顺。」假如能得到这样的人协助，四方又把他作为主人对待，取得国家还有什么困难呢？』

哀公二十七年

传　二十七年春，越子使舌庸来聘，且言邾田，封于骀上①。

二月，盟于平阳②。三子皆从③。康子病之，言及子赣，曰：『若在此，吾不及此夫。』武伯曰：『然。何不召？』曰：『固将召之。』文子曰：『他日请念。』

夏四月己亥④，季康子卒。公吊焉，降礼⑤。

晋荀瑶帅师伐郑，次于桐丘[6]。郑驷弘请救于齐。齐师将兴，陈成子属孤子[7]，三日朝。设乘车两马，系五邑焉[8]。召颜涿聚之子晋[9]，曰：『隰之役，而父死焉。以国之多难，未女恤也。今君命女以邑也，服车而朝，毋废前劳。』乃救郑。及留舒[10]，违谷七里[11]，谷人不知。及濮，雨，不涉。子思曰[12]：『大国在敝邑之宇下[13]，是以告急。今师不行，恐无及也。』成子衣制[14]，杖戈，立于阪上[15]，马不出者，助之鞭之。知伯闻之，乃还，曰：『我卜伐郑，不卜敌齐。』使谓成子曰：『大夫陈子，陈之自出。陈之不祀，郑之罪也。故寡君使瑶察陈衷焉[16]。谓大夫其恤陈乎？若利本之颠[17]，瑶何有焉？』成子怒曰：『多陵人者皆不在[18]，知伯其能久乎？』

中行文子告成子曰[19]：『有自晋师告寅者，将为轻车千乘，以厌齐师之门，则可尽也。』成子曰：『寡君命恒曰：「无及寡[20]，无畏众。」虽过千乘，敢辟之乎？将以子之命告寡君。』文子曰：『吾乃今知所以亡。君子之谋也，始衷终皆举之[21]，而后入焉[22]。今我三不知而入之，不亦难乎？』

公患三桓之侈也[23]，欲以诸侯去之。三桓亦患公之妄也，故君臣多间[24]。公游于陵阪[25]，遇孟武伯于孟氏之衢，曰：『请有问于子，余及死乎[26]？』对曰：『臣无由知之。』三问，卒辞不对。公欲以越伐鲁，而去三桓。秋八月甲戌[27]，公如公孙有陉氏[28]，因孙于邾，乃遂如越。国人施公孙有山氏[29]。

悼之四年[30]，晋荀瑶帅师围郑。未至，郑驷弘曰：『知伯愎而好胜，早下之[31]，则可行也。』乃先保南里以待之[32]。知伯入南里，门于桔柣之门。郑人俘酅魁垒[33]，赂之以知政[34]，闭其口而死。将门，知伯谓赵孟：『入之。』对曰：『主在此[35]。』知伯曰：『恶而无勇[36]，何以为子[37]？』对曰：『以能忍耻，庶无害赵宗乎！』知伯不悛，赵襄子由是基知伯[38]，遂丧之。知伯贪而愎，故韩、魏反而丧之。

【注释】

①封于骀上：以骀上作为邾、鲁疆界。②平阳：即今山东邹县。③三子：指季康子、叔孙文子、孟武伯。④己亥：二十五日。⑤降礼：礼仪减等。⑥桐丘：在今河南扶沟县西。⑦属孤子：集合为国战死者的儿子。⑧系五邑：将策书放在五个袋子里。邑，即裛，书囊。⑨颜涿聚：即颜庚。⑩留舒：在今山东东阿县旧治东北。⑪违：离。⑫子思：国参。⑬大国：指晋。⑭衣制：穿着雨衣。⑮阪：山坡。⑯察陈衷：调查陈国灭亡的内情。衷，同『中』。⑰利本之颠：以树干的倾覆为利。⑱不在：无好结果。⑲中行文子：荀寅，此时奔在齐。⑳及：打击。㉑举：谋。㉒入：上告而实行。㉓侈：威胁。㉔多间：隔阂多。㉕陵阪：相传黄帝陵、少皞陵在曲阜城东北，陵阪即此地。㉖死：指寿终而死。㉗甲戌：初一日。㉘公孙有陉：即公孙有山。㉙施：劾捕。㉚悼：鲁悼公，名宁，哀公之子。㉛下之：向他表示屈服。㉜南里：在郑城外。㉝酅魁垒：晋士。㉞知政：郑卿。㉟主：指知伯。㊱恶：貌丑。㊲为子：立为继承人。㊳惎：嫉恨。

【译文】

二十七年春季，越王派舌庸来鲁国聘问，同时谈及鲁国侵占邾国的土地一事，商定以骀上作为鲁、邾两国的疆界。

二月，两国在平阳结盟。当时季康子、叔孙文子、孟孺子都随哀公去了。季康子很忧虑，说起子贡时，他说：『如果子贡在这里，我们就不会和越国结盟。』孟孺子说：『对。怎么不把子贡找来？』季康子说：『本来是准备让他来的。』叔孙文子说：『但愿以后也能想起他。』

夏季四月二十五日，季康子去世。哀公前往吊唁，但使用的礼仪降了一级。

晋国的荀瑶领兵攻打郑国，驻扎在桐丘。郑国的子般到齐国请求救兵。齐军准备出发时，陈常把以前战死疆场的将领们的儿子召集起来，用三天时间接见了他们。当时旁边停着一辆由两匹马拉着的车子，车上有五个口袋中分别装着策书。陈常召见颜涿聚的儿子晋，说：『隰地之战中你的父亲壮烈殉国，因为国家多灾多难，没有给你以更多的关怀。现在国君把这座城邑封给你，你赶快乘这辆车去朝见，以免废弃了你父亲的功劳。』然后便出兵救郑，越过留舒，过了谷地七里之后，谷地人还没有察觉。到达濮地时，遇到大雨，军队不肯渡河。子思对齐军说：『晋国已经来到我国的屋檐底下，所以才向贵国告急。现在军队停滞不前，恐怕就来不及了。』陈常穿上雨衣手拿长戈当作拐杖，立在坡上，凡是战马不肯向前的，就亲自拉马或用戈打马。荀瑶得知这一消息后，决定回国。他说：『我只占卜了攻打郑国，并没有占卜要和齐军作战。』并派人对陈常说：『陈大夫您出身陈国，陈国之所以遭到灭亡，就是由于郑国引起的，所以寡君派我前来考察陈国灭亡的原因。我想问问阁下，难道您就丝毫不关心陈国的命运吗？假如您认为颠覆陈国对您有利，我还操这个心干什么？』陈常生气地说：『经常欺压别人的人必然没有好结果，荀瑶难道能长久吗？』

流亡齐国的荀寅对陈常说：『有人从晋军中告诉我，他们准备使用一千辆轻型战车攻打齐军的营门，这样就很可能会使齐军全军覆没。』陈常说：『寡君曾命令我：「不要攻击小股敌人，不要畏惧大批敌人。」即使晋军战车超过一千辆，我敢逃避吗？我将把您的话转告寡君。』荀寅感叹地说：『现在我才明白自己为什么会逃亡在外了。君子计划一件事，一定要对开始、发展和结局都考虑到，才能向国君报告。现在我对这三点都没有考虑就盲目地报告了，怎么能不碰壁呢？』

哀公对叔孙、季孙、孟孙三家的威胁感到头痛，准备依靠诸侯把他们除掉。这三家也对哀公的狂妄昏乱感到不安，因此君臣之间的隔阂越来越严重。有一次，哀公在陵阪游玩，在孟氏之衢遇到孟武伯，对他说：『我想请教阁下，我能得以善终吗？』孟武伯回答说：『臣无可奉告。』哀公一连问了三次，武伯始终不回答。哀公准备利用越国攻打鲁国来除掉三族。秋季八月一日，哀公到了公孙有陉家，乘机悄悄地逃到邾国，随后又到了越国。国人都归罪于公孙有陉氏。

鲁悼公四年，晋国的荀瑶率军围攻郑国。军队还没有到达，郑国的子般说：『荀瑶刚愎自用而又急于求胜，不如趁早投降，以便让他早点退兵。』于是先到南里守护，等待晋军的到来。荀瑶到了南里，攻打桔柣之门。郑国人俘虏了鄅魁垒，以让他做郑国的卿相引诱，他不同意，郑国人便塞住嘴将其杀害。准备攻打城门时，荀瑶对赵无恤说：『你进去吧！』赵无恤说：『有主帅在这里。』荀瑶嘲讽赵无恤：『你丑陋而又缺乏勇气，为什么把你立为继承人呢？』赵无恤回答说：『因为我能忍气吞声，也许这样才不致招致祸患吧！』荀瑶不肯改悔，赵无恤从此开始嫉恨荀瑶。荀瑶又准备灭掉赵无恤。由于荀瑶一向贪婪而刚愎，韩、魏反而联手将荀瑶灭亡了。